AF403528

16344

ÉTUDE SUR TURGOT

In 27
30772

ETUDE

SUR

TURGOT

PAR

J. TISSOT

Ancien doyen de la Faculté des Lettres de Dijon

PARIS

LIBRAIRIE ACADÉMIQUE

DIDIER ET Cᵢᵉ, LIBRAIRES-ÉDITEURS

35, QUAI DES AUGUSTINS, 35

1878

Tous droits réservés

Le Puy, imprimerie Marchessou.

TURGOT

CHAPITRE PREMIER

FAMILLE, ENFANCE, ÉTUDES DE TURGOT.

L'ancienneté de la race et, ce qui vaut mieux, la constance des bons exemples, la fidélité à la maxime que noblesse oblige, ne firent point défaut au grand homme dont nous allons esquisser le caractère et la vie.

Mais Anne-Robert-Jacques Turgot, baron de l'Aulne, né à Paris le 10 mai 1727, semble avoir été du nombre de ceux qui n'ont pas besoin d'ancêtres, parce qu'ils ont tout ce qu'il faut pour le devenir, en faisant tout d'abord des hommes nouveaux. Sa nature intellectuelle et morale était d'un fonds si riche qu'elle avait peu d'éclat à recevoir d'une origine peut-être un peu légendaire, mais qui, comme toutes les légendes, suppose une certaine vérité que la tradition embellit de plus en plus dans son cours. Nous n'entendons point nier cependant, malgré le *fama crescit eundo*, que la famille Turgot, originaire d'Ecosse, ne comptât déjà un prince danois dans son sein bien avant l'ère chrétienne, moins encore qu'elle ait plus tard fourni des saints à l'Eglise, et qu'elle soit devenue française à l'époque des croisades. Ce qu'il y a de certain cependant, c'est la noble conduite de Jacques Turgot, comme président de la noblesse de Normandie, aux Etats généraux de 1614 ; ce sont les services administratifs de son fils, en qualité d'intendant des généralités de Metz et de Tours, et ceux de Michel-Etienne, petit-fils de Jacques

et père de notre Anne-Robert, dans les différents postes judiciaires et administratifs qu'il
occupa successivement à Paris.

D'un caractère essentiellement réfléchi et mé-
ditatif, tout en dedans pour ainsi dire, il manquait de cette expansion, de cette gentillesse
qui fait l'amabilité et la grâce des enfants. Et
comme s'il avait eu conscience de ce défaut, il
était dans la famille, timide, sauvage, gêné
et maladroit. Sa mère qui ne le jugeait que
sur ces apparences , assez peu avantageuses,
était si loin d'en être fière qu'elle le laissait
volontiers dans l'ombre où il se plaisait si
fort. Et pourtant il ne réussissait pas plus mal
que les plus habiles de ses camarades du collége de Louis-le-Grand et du Plessis. Seulement il s'en distinguait généralement par une
réserve qu'on ne pouvait encore appeler de la
gravité, mais qui déjà commandait une sorte de
respect à un âge qui ne le connaît guère plus

que la pitié. C'était bien moins encore de l'orgueil, quoi qu'en aient pu dire ceux qui ne devaient ou ne voulaient rien comprendre à cette âme élevée et comme faite pour les grandes pensées et les nobles actions. Dès son adolescence aussi, l'homme auquel on crut ensuite trouver de la dureté, parce que sa justice était inflexible, pratiquait envers des condisciples maltraités par la fortune cette assistance délicate, secrète, empressée, qui a l'air d'être obligée en obligeant, et qui double le prix du bienfait. A ces vertus de tempérament, de goût naturel, d'éducation si l'on veut, notre collégien joignait parfois la gaîté franche, simple, naïve de l'innocence et du jeune âge ; nul plus que lui ne prenait alors plaisir à l'entrain d'une causerie pleine d'un honnête abandon ; un bon mot, une fine plaisanterie, une bêtise même, une folie le faisait rire aux éclats. L'étude et la réflexion devaient convertir en principes les goûts honnêtes

et bienfaisants du jeune homme. L'amour inné
de la justice, en prenant le caractère sacré du devoir le plus impérieux, devait même revêtir dans
l'âme de Turgot les apparences d'une passion.
Rien de plus naturel que le sage, en lutte avec
l'improbité, rassemble pour ainsi dire toutes ses
forces et mette au service du bien autant d'énergie
que d'autres en peuvent déployer pour le mal.

L'intelligence de Turgot était ouverte à tous
les genres de savoir; si son aptitude n'était pas
universelle, au même degré du moins pour toutes choses, ses préférences semblent avoir été
peu marquées. Théologie, philosophie, sciences, lettres, arts, tout l'intéressait, tout lui plaisait. Il fallait cependant se décider pour une
spécialité. Sa qualité de cadet de Normandie, ses
goûts recueillis et modestes, son éloignement
pour le monde, son peu d'aptitude à y faire une
brillante figure et un beau chemin, l'idée médiocrement avantageuse qu'avait de lui sa mère,

l'assurance presque certaine qu'il arriverait aux dignités ecclésiastiques, s'il en prenait la voie; tout cela semblait en faire un séminariste prédestiné. Telles aussi furent les vues de sa famille. Tels cependant n'étaient point ses goûts. Mais par esprit de déférence, et sans doute aussi pour acquérir un ordre de connaissances, qu'il ne pouvait dédaigner sans s'inquiéter si elles lui seraient de quelque utilité dans l'avenir, il entra à Saint-Sulpice, passa ensuite à la Sorbonne où il prit des grades en théologie, et devint prieur de l'établissement. C'était une dignité annuelle, subordonnée à celle de proviseur. Le prieur de Sorbonne était le président de la Maison et de la Société.

Vint enfin le moment d'aller plus loin ou de suivre son inclination. Il déclara donc à son père, avec la plus respectueuse fermeté, qu'il ne se croyait point fait pour le ministère ecclésiastique. En vain ses amis, qui devaient être plus tard des personnages dans l'Eglise, sans rompre tout à fait avec le monde, lui firent envisager le brillant avenir qui lui était réservé dans une carrière où sa naissance, ses moyens, ses goûts studieux, ses premiers pas le portaient sans efforts ; il fut inflexible. Tout en les félicitant de pouvoir adopter pour leur propre compte la détermination qu'ils lui conseillaient, il leur fit nettement comprendre que les considérations qu'ils trouvaient décisives ne le touchaient point, et qu'il ne lui était même pas possible de les trouver toutes d'accord avec sa conscience.

Les six ans que Turgot passa au séminaire et à la Sorbonne, ne furent pas exclusivement consacrés à l'étude de la théologie ; les lettres et les sciences eurent une grande part dans l'application de ses belles facultés. Non content d'admirer les travaux de l'esprit qui sont le plus bel ornement de la civilisation dans tous les temps, il avait la noble ambition d'en accroître le trésor. Dans son ardeur juvénile de vingt-quatre ans à peine, il avait dressé la liste de cinquante-deux ouvrages à faire, dont quinze ont été entrepris, et quelques-uns achevés. Il mettait ses plans, ses idées, ses esquisses, le recueil de ses matériaux à la disposition de ses amis, et les encourageait à une œuvre qu'il trouvait assez utile et assez grande pour qu'elle dût être commune. Mais ses vastes conceptions étaient naturellement d'une exécution difficile : il fallait presque l'audacieuse témérité de la jeunesse et de l'inexpérience réunies pour oser y porter la main. A voir cependant les admirables esquisses qu'il sut faire à vingt et quelques années, on est obligé de reconnaître qu'il n'y avait là ni présomption ni témérité, mais juste confiance en un savoir déjà considérable, et en une puissance de génie et de travail d'une heureuse et certaine fécondité [1].

1. Nous croyons devoir renvoyer, pour les détails, à notre ouvrage : *Turgot, sa vie*, etc., p. 1-11.

CHAPITRE II

PREMIERS EMPLOIS.

Plus habitué au monologue de la pensée solitaire qu'à l'exposition et à l'échange des idées par la parole, Turgot ne parlait pas aussi bien qu'il pensait et écrivait, quoique son style n'ait guère d'autre mérite que celui de la correction, de la justesse et de la solidité, c'est-à-dire celui de la pensée même, de la précision dans les idées, de la vérité dans le jugement, de l'étendue, de la hauteur et de l'enchaînement dans les aperçus ; il manque de l'éclat, de la vivacité, de la légèreté et du mouvement qui plaisent si fort à la plupart des esprits. Si Turgot avait une grande et belle imagination, il avait encore plus de cette haute raison qui fait le savant plutôt que l'artiste et l'écrivain. Son style n'en était que mieux approprié aux besoins et aux qualités mêmes de sa pensée; et ce que certains critiques y reprennent comme un défaut nous semblerait plutôt une qualité au moins relative. La parole en effet ne doit être que l'expression exacte et transparente de la pensée. Si donc la pensée est abstraite, complexe, à longues et fortes combinaisons, pourquoi la parole aurait-elle une autre forme? Mais cette forme, nous le reconnaissons, a quelque chose de sévère, de lourd et de lent que l'art et la passion peuvent corriger, qu'ils corrigent même inévitablement dans les discussions toujours plus ou moins animées des affaires. Turgot le savait. Aussi, n'eût-il pas été fâché, afin de se trouver dans l'heureuse nécessité de donner à sa parole le mouvement, la rapidité et la vie qui lui manquaient, d'avoir une place d'avocat du roi au Châtelet. Ses vœux ne furent qu'à moitié satisfaits ; au lieu de la charge qu'il ambitionnait surtout comme un moyen de perfectionnement, il obtint, en 1752, celle de substitut du procureur général.

Nommé conseiller au Parlement la même année, époque à laquelle cette compagnie prenait fait et cause pour les jansénistes contre les molinistes, et où la cour et le gouvernement étaient tantôt pour les premiers, tantôt pour les seconds, avec ou contre le Parlement, contre l'archevêque de Paris ou avec lui, Turgot trouva là une excellente occasion d'examiner la question des rapports de l'Eglise et de l'Etat. C'est le résultat de cet examen qu'il donna plus tard dans des *Lettres à un vicaire général sur la tolérance* et dans le *Conciliateur*. Nous en parlerons ailleurs. Nous dirons seulement ici qu'il refuse à l'Eglise le droit de recourir à la force, au bras séculier contre les dissidents, et à l'Etat le droit de s'immiscer dans les affaires de l'Eglise, ou simplement de se prêter à ses exigences lorsqu'elle sollicite l'emploi de la force publique à l'appui de ses mesures de discipline intérieure. Ces écrits ne furent pas, dit-on, sans influence sur la conduite à la fin plus modérée du roi et du ministère.

Nommé maître des requêtes en 1753, il apporta dans ses nouvelles fonctions un tel esprit d'équité, que son opinion isolée fut une fois suivie par les intéressés de préférence à l'avis unanime de tous les autres conseillers. Une autre fois, il dédommagea de ses propres deniers un employé des fermes qu'il avait d'abord cru coupable de prévarication, et dont il reconnut ensuite l'innocence, mais qui avait, dans l'intervalle, subi des retenues sur ses appointements. Il se punissait ainsi de la lenteur qu'il avait mise à rapporter une affaire qui, à son premier jugement, devait aboutir toujours assez tôt à une condamnation.

Ses fonctions de conseiller d'Etat, qui durèrent huit ans, de 1753 à 1761, ne l'occupèrent pas au point de le laisser sans quelques loisirs. C'est pendant cette époque qu'il composa ses écrits sur la tolérance, ses articles sur l'Encyclopédie et son éloge de Gournay, l'un de ses meilleurs amis. Ses liaisons avec les autres économistes et avec les philosophes sont aussi de cette époque. Le salon de Mme Geoffrin, — si connue et si bien louée par Morellet, Thomas et D'Alembert, — formait comme un centre de réunion auquel aboutissait tout ce qu'il y avait alors à Paris de plus marquant dans les sciences et les lettres, Français et étrangers.

La mort de M. de Gournay fut si sensible à Turgot, que sa santé en éprouva une bien rude secousse. Après un premier deuil passé à Montigny, chez M. Trudaine, autre ami de Turgot et de Gournay, le jeune conseiller d'État alla demander aux grands spectacles de la nature une nouvelle et plus puissante diversion à sa douleur. C'est pendant ce voyage en Suisse qu'il ressentit, pour la première fois, les atteintes de la maladie à laquelle il devait succomber vingt-deux ans plus tard, après en avoir longtemps souffert, sans toutefois cesser de penser en savant et d'agir en sage. Ceci se passait en 1759. Deux ans après, Turgot était appelé à l'intendance de la généralité de Limoges.

CHAPITRE III

INTENDANCE DU LIMOUSIN.

L'intendance du Limousin devint pour Turgot l'occasion de se montrer comme administrateur ; elle lui fut comme un terrain d'application pour une multitude d'idées, de vues et de sentiments de l'ordre pratique le plus élevé. Ce théâtre convenait admirablement à sa généreuse ambition, à son ardent amour du bien. Pendant les treize ans que dura son administration du Limousin, il trouva le moyen de remédier à un grand nombre de maux et d'introduire diverses améliorations dans cette province. Ce ne fut pas toujours, ce fut même rarement sans beaucoup de peines, tant le bien

est difficile à faire! L'égoïsme des uns, l'ignorance des autres, la routine ou les préjugés er-
ronés de ceux-ci, l'inertie de ceux-là, sont autant
d'obstacles pour l'homme public, qui ne peut
tout faire à lui seul. Il faut voir le nouvel intendant aux prises avec toutes ces difficultés.

Des manufacturiers de la généralité de Limoges avaient écrit à M. Trudaine, intendant général des finances, pour lui demander, à titre
d'encouragements et de récompenses, la pro-
rogation de priviléges exclusifs, des exemp-
tions de charges publiques, et même des lettres
de noblesse. Turgot, consulté sur ce point,
agrandit la question, l'envisage d'une manière
générale, suivant son habitude, et afin d'y voir
plus clair, puisque alors on remonte aux principes. Il trouve que la demande en question
a pour objet le maintien, l'extension même
d'un privilége, et qu'elle ne mérite qu'une
médiocre attention. Il y avait des usages éta-

blis, usages abusifs sans doute, mais qui tenaient à un état général de choses qui ne pouvait être détruit, avec lequel il fallait par conséquent composer, bien sûr encore que cette faveur ne passerait aux yeux des intéressés que pour une demi-justice. De là des mécontentements.

Dans le cours de cette correspondance, on trouve le système du libre échange établi doctrinalement par de fort bonnes raisons. Avec ces principes de liberté commerciale, Turgot ne pouvait qu'être favorable à la ville de Rochefort, qui demandait la faculté de se mettre en rapport direct d'intérêts avec les colonies, contrairement au privilége dont jouissait la ville de la Rochelle. Mais les Rochellais ne pouvaient guère partager cette manière de voir, puisqu'elle leur faisait perdre un avantage considérable. On est peu disposé, quand on perd, à se demander si le gain était légitime ou non.

L'intendant du Limousin n'avait pas seulement à vaincre des difficultés locales, il fallait
aussi venir à bout des résistances qui se ren-
contraient en haut lieu. Il fallait, par exemple,
s'il voulait obtenir un allégement d'impôts pour
sa province, qu'il établît, à force de documents
statistiques, qu'elle était chargée au-delà de ses
forces, et, s'il était possible, que d'autres provinces plus riches étaient moins imposées. De
là un travail de comparaison qui aurait exigé,—
pour être complet et pour fournir au ministre
des finances un moyen de répartir équitablement l'impôt dans toute la France, —une sta-
tistique générale très-bien faite, et qui aurait
chaque année suivi le mouvement de la richesse du pays tout entier. Il pouvait désirer
vivement qu'un pareil travail fût exécuté, et
même le conseiller, mais il n'était point
placé de manière à le commander. Tout ce
qu'il pouvait faire, c'était de mettre tous ses

soins à ce que la part des charges publiques afférente au Limousin fût équitablement répartie. Or, il y avait à cet égard des inégalités choquantes, des priviléges injustes, et souvent un arbitraire qui trouvait sa raison dans l'ignorance ou l'incertitude des données les plus indispensables à une bonne répartition des impôts : les terres n'étaient pas arpentées ou l'étaient mal. C'était là une première opération à faire.

Il fallait aussi s'entendre avec les curés et les seigneurs pour avoir d'autres documents nécessaires à une bonne administration, pour aviser au choix des agents les plus propres à la seconder, pour s'ingénier sur les meilleurs moyens de relever les courages et de faire sortir le travail d'une routine fâcheuse ou dommageable. Les soins qu'il apportait à l'amélioration de l'agriculture ne l'empêchaient point de favoriser le développement de l'industrie : il proposait,

discutait, encourageait les expériences et four-
nissait les fonds nécessaires à la construction
des machines.

Il avait tellement pris à cœur l'amélioration
du Limousin, qu'il refusa les intendances beaucoup plus avantageuses de Rouen, de Lyon et
de Bordeaux, afin de pouvoir achever le bien
qu'il avait commencé. Il savait que nul autre,
fût-il animé des meilleurs sentiments, ne pourrait aussi promptement, aussi sûrement, mener
à bonne fin une entreprise qui lui avait jusque-
là coûté tant de peine et qui n'en était encore,
en beaucoup de choses, qu'aux préliminaires. Il
abolit les corvées pour les routes, pour les trans-
ports militaires et les casernements. Il fit cons-
truire cent soixante lieues de routes nouvelles et
réparer les anciennes. L'impôt du sang, le plus
lourd de tous, et qui ne se percevait avant
Turgot que par la force, impôt qui était d'ailleurs si imparfaitement réparti entre les com-

munes, que la levée devenait une occasion continuelle d'hostilités sanglantes entre les villages ; cet impôt, Turgot sut le répartir d'une manière plus équitable dans la province, et calmer les extrêmes répugnances des populations à le payer, en persuadant au ministre de la guerre de laisser dormir les ordonnances contraires au remplacement, et en éclairant les populations sur la nature, la justice et la nécessité de ce service public.

Grâce à sa générosité, à son activité ingénieuse, à des mesures sagement calculées, de grands adoucissements furent apportés, dans la généralité de Limoges, aux cruelles souffrances que fit éprouver la disette de 1770-1772 [1]. La libre circulation des grains, l'organisation de secours publics, de bureaux de charité, des travaux à exécuter pour les nécessiteux valides,

1. En voir le tableau p. 80 et 88 de notre ouvrage déjà cité.

des instructions détaillées, minutieuses, par exemple, jusqu'aux *différentes manières peu coûteuses de préparer le riz,* instructions adressées à tout le personnel qui voulait bien le seconder dans ses œuvres de charité.

Le plus difficile fut d'obtenir des propriétaires de réduire momentanément le prix de leurs fermages, ou même de nourrir leurs pauvres métayers. Il y mit tant d'active fermeté, qu'il parvint à forcer l'égoïsme à la justice et même à la charité. Il est vrai qu'il prêchait d'exemple : non-seulement ses économies y passèrent, mais il s'endetta de 20,000 fr. pour subvenir à des besoins impérieux qu'il ne put soulager autrement.

Ce n'est là qu'un résumé bien pâle de l'administration pleine de sagesse, de justice et de bienfaisance de Turgot ; administration qui a fait dire à l'un de nos meilleurs historiens que « Turgot avait fait de sa province une espèce de Salente. C'était un Fénelon à l'œuvre avec une intelligence plus vive de la réalité, un sens plus fort, une main plus virile. Ses principes étaient nouveaux, surtout pour un administrateur; mais tel était l'ascendant de son caractère, qu'il imposait aux ministres eux-mêmes, et qu'ils laissaient passer ses réformes avec étonnement et respect [1] ». Il avait pour lui, indépendamment d'une bonne volonté qui pouvait leur être commune, des connaissances et des convictions qui leur manquaient, au moins en grande partie. On le savait, et, quoiqu'on pût avoir une certaine défiance pour ses idées systématiques, il y avait là néanmoins une supériorité qui ne laissait pas d'imposer. On peut déjà dire, à beaucoup d'égards, de l'intendant du Limousin, ce que Blanqui, l'économiste, a dit du contrôleur général : « C'était la première fois qu'il était

---

1. SISMONDI, *Histoire de France.*

donné à la science de rencontrer un ministre disposé à réaliser toutes ses conceptions, et à tenter sur le vif toutes ses expériences. »

Malgré tant de travaux d'application, toujours éclairés d'ailleurs par la théorie, et sans doute parce que le besoin de la lumière scientifique s'en faisait sentir à chaque instant, grâce encore à l'habitude qu'avait Turgot de motiver par écrit toutes ses mesures administratives, il trouvait le temps, à l'occasion, de faire de la science. Ainsi c'est aux années de son intendance que remonte la composition de ses ouvrages sur l'économie politique, les plus remarquables : ses *Réflexions sur la formation et la distribution des richesses,* l'article de l'Encyclopédie intitulé *Valeurs et monnaies,* le *Mémoire sur les prêts d'argent,* les *Lettres sur la liberté du commerce des grains,* le *Mémoire sur les mines et les carrières.*

Arrive enfin le moment d'opérer sur une plus

grande échelle, d'agir avec plus d'autorité ; l'intendant du Limousin justement apprécié par l'homme de bien qui régnait alors sur la France, va d'abord être nommé ministre de la marine, puis bientôt après il sera appelé aux finances.

CHAPITRE IV

MINISTÈRE DE TURGOT.

§ 1er.

LA MARINE.

La géographie maritime, la théorie de la navigation, celle de la construction des vaisseaux, n'étaient point étrangères à Turgot. Il connaissait les besoins de la marine française et l'état de nos colonies. Fortifier l'une aux meilleures conditions possibles par nos relations commerciales avec la Suède, améliorer la situation matérielle et morale des autres, entreprendre des expéditions où la science, le commerce, l'étendue de nos possessions coloniales n'auraient qu'à gagner : telle était la pensée du nouveau ministre.

Il fallait, pour cela, changer des usages et des règlements administratifs et, par conséquent, toucher à des intérêts fondés sur des abus et aux personnes qui en profitaient. Les rapports entre la métropole et les colonies devaient aussi subir de profondes modifications, au nom de la liberté et de la justice, et au plus grand avantage des colonies et de la métropole. Il songeait également à l'abolition prudente de l'esclavage dans nos possessions transatlantiques. Ses idées sur la marine se rattachaient à un plan grandiose qui faisait partie d'une conception magnifique, et nullement impraticable, en matière de droit international et de pacification universelle. Mais l'exécution de pareils projets demande du temps, et Turgot ne resta que cinq semaines à la marine. Le poste de contrôleur général, auquel il fut appelé, ouvrait encore un champ plus vaste à son activité réparatrice et bienfaisante. Il devait y trouver aussi de plus grandes difficultés [1].

§ II.

LES FINANCES.

Pour bien comprendre tout ce qu'il y avait à faire dans cette nouvelle position administrative, ainsi que tous les obstacles qu'il y aurait à vaincre, il faut avoir une idée de la multitude d'iniquités légales ou organisées et de possessions illégitimes qui couvraient la France, qui s'y étaient pour ainsi dire naturalisées et y avaient poussé de profondes racines. Il était d'autant plus difficile de les extirper qu'elles étaient plus nombreuses, plus liées les unes aux

1. *Turgot, sa vie, etc*, p. 129-133.

autres, plus unies pour la résistance, et rendues plus fortes par le long usage, par l'habitude des uns, par le préjugé des autres, par l'ignorance de presque tous.

L'honneur de la France abaissé au dehors, l'autorité royale avilie au dedans, la noblesse appauvrie et devenue servile ; un clergé dont la moralité, l'esprit de tolérance et de désintéressement surtout laissaient beaucoup à désirer ; des parlements ou mutins, ou exilés, qui voulaient usurper les droits de la souveraineté sans savoir en user ; des querelles religieuses dont l'autorité judiciaire se mêlait beaucoup trop et trop mal ; la vénalité des charges civiles et militaires ; la tyrannie des corporations industrielles ; la justice mal rendue ; la liberté et l'égalité civiles encore méconnues ; une barbarie révoltante dans les lois pénales ; l'arbitraire des juges et du gouvernement mis à la place de la loi ; les différents services de l'administration sans règles et sans unité ; les impôts mal assis, mal répartis et mal perçus ; le Trésor épuisé par les folles et criminelles dépenses de la cour, des courtisans, par les infidélités des agents du fisc, et par les prévarications ou les faux systèmes de certains ministres des finances ; peu d'idées saines en économie politique dans les chefs de l'administration ; l'immoralité qui avait débordé de la cour dans tout le reste de la société, surtout dans les rangs les plus élevés ; les croyances religieuses puissamment ébranlées ; les idées monarchiques elles-mêmes sourdement minées : telle était, en peu de mots, la situation du pays à l'avénement de Louis XVI, jeune monarque bien intentionné sans doute, mais faible et peu sagement conseillé par ceux-là mêmes qui pouvaient avoir le plus d'influence sur ses résolutions.

Une forêt d'abus était donc encore debout ; il fallait l'abattre.

Le nouveau ministre commença par le rétablissement de la liberté du commerce des
grains. La corvée, les jurandes, la vénalité des
offices, eurent ensuite leur tour. C'est assez
dire l'immense opposition que ces grandes mesures devaient rencontrer : noblesse, clergé,
parlement, bourgeoisie, classe ouvrière, tout
devait se lever ou être suscité par la mauvaise
foi et l'égarement sophistique contre des projets
de réforme qui atteignaient tant de priviléges
ou d'abus. Nous parlerons plus tard de cette for-
midable résistance, de ses organisateurs et de
leurs moyens. Au conseil du roi, à la cour, c'é-
tait aussi une opposition plus ou moins ouverte.
Une répartition plus équitable des impôts, un
mode plus économique de les percevoir, plus
de régularité et d'économie dans la manière de
faire valoir les revenus propres de l'Etat, ne
pouvaient manquer de toucher à des usages
trop commodes pour une multitude d'intéressés.

Mais le Trésor et la chose publique ne s'en trouvaient pas plus mal. Seulement, le public s'en apercevait peu. Il n'était aussi que médiocrement instruit et touché de tout ce qui se faisait dans l'intérêt de la salubrité publique, des établissements de charité, de l'amélioration des services de toutes sortes, entre autres des messageries et de la grande voierie.

Le clergé, quoique très-épargné au point de vue financier, quand tous les autres privilégiés étaient plus ou moins atteints, était si éloigné de penser comme Turgot sur la nécessité de la tolérance civile, sur la convenance de modifier la formule du sacre à cet égard, qu'il suppliait au contraire le roi d'achever l'œuvre de Louis le Grand, par l'abolition complète du calvinisme en France.

L'avènement de Malesherbes au ministère de l'intérieur fut un appui pour Turgot; mais cet appui dut bientôt lui manquer par la retraite

de cet autre honnête homme, sur lequel aussi
le public éclairé avait fondé de sérieuses espérances. Ceux qui connaissaient les opinions et
les sentiments des deux ministres, tout ce qui
avait des idées un peu progressives, comprenait,
s'il ne le partageait entièrement, l'enthousiasme
de Mlle de Lespinasse lorsqu'elle s'écriait : « Oh !
pour le coup, soyez assuré que le bien se fera
et se fera bien..., Jamais, non jamais, deux
hommes plus éclairés, plus désintéressés, plus
vertueux, n'ont été réunis plus fortement pour
un intérêt plus grand et plus élevé. Oh ! le
mauvais temps pour les fripons et les courtisans !... Vous auriez bien de la peine à mettre
dans ces deux têtes-là deux volontés ; il n'y en
a qu'une, et c'est toujours pour faire le mieux
possible. »

Beaucoup de bien fut en effet réalisé, au
moins pour le moment ; beaucoup plus encore
eût pu l'être, si ces deux ministres fussent res-

tés plus longtemps aux affaires. Mais qu'est-ce
qu'une durée de vingt mois, celle de la présence de Turgot aux finances, pour mettre
à la raison tant d'intérêts contraires à celui de
l'Etat! Et pourtant qu'il s'agisse de mesures
particulières ou générales, on le trouve toujours
animé du même esprit, de la même élévation
dans les idées et les sentiments! La liberté,
la justice appliquées au bien public, c'est l'objet constant de la pensée et des actes de Turgot. Parmi ceux-ci il faut citer l'établissement
de la liberté du commerce de l'épicerie à
Paris, — la suppression du privilége de l'Hô-
tel-Dieu de vendre de la viande en carême, —
l'affranchissement des verreries de Normandie,
obligées envers les villes de Rouen et de Paris
à une sorte de servitude, — l'abolition des
priviléges de Sceaux et de Poissy comme
marchés de Paris,— le libre approvisionnement
des villes en général, — la création à Paris

d'une Caisse d'escompte qui était destinée à devenir la Banque de France, — la suppression des droits de traite d'une province à une autre, — mais surtout l'abolition de la corvée et des corporations industrielles. C'était affranchir l'agriculture et le travail. En mettant la confection et l'entretien des routes à la charge de l'Etat, en faisant contribuer sérieusement aux impôts les privilégiés qui jusque-là n'y avaient pris qu'une part dérisoire, l'agriculture se trouvait doublement allégée. D'un autre côté, en proclamant la liberté du travail industriel, en l'affranchissant des droits de maîtrise et de jurande, en lui laissant toute son initiative, tout son essor, sans lui faire payer en aucune manière, ni au roi ni aux corporations, le droit d'être, c'était affranchir l'industrie manufacturière, comme l'industrie agricole avait été partiellement affranchie déjà par l'abolition de la corvée. Nous disons « partiellement, » par la raison que le clergé et la noblesse ne purent être entamés dans tous leurs priviléges et que l'étendue et la profondeur de l'abus exigeaient ou plus de temps ou plus de force pour les faire disparaître. Il fallait ou l'entraînement irrésistible d'une révolution, ou la longue durée d'un ministère résolu, homogène, fortement soutenu par le roi. Ce second moyen manqua ; le premier devint nécessaire.

Quoique les réformes libérales apportées par Turgot au régime agricole et industriel fussent parfaitement équitables, elles passèrent aux yeux des privilégiés pour un attentat à la propriété : c'était le cri du Parlement. Il ne s'inquiétait point de savoir d'où venait le privilége, quelle était sa raison d'être et de durer ; il suffisait qu'il fût, qu'il y eût possession, pour qu'il fût sacré. Singulière manière de raisonner pour des gens de justice !

Heureusement que la grande majorité éclairée du pays y voyait ou voulait y voir plus clair. Bachaumont, témoin assez impassible de ce qui se passe, nous en est un exemple : « M. Turgot, dit-il, veut supprimer les corvées, les remplacer par un petit impôt ; mais il prévoit nombre d'obstacles de la part des seigneurs, qui ne sont pas assujettis à la corvée, et surtout de la part des magistrats, dont la morgue se révolte de voir supprimer une tâche annexée aux vilains, tandis qu'eux en retirent le profit, et dont il faudrait en conséquence qu'ils supportassent une répartition plus considérable, à mesure qu'ils seraient plus grands terriens. » Une fois Turgot renversé, cette partie de son œuvre fut abolie, en ce sens que les privilégiés, si grands terriens qu'ils fussent, ne furent en rien assujettis à l'œuvre de la corvée ; mais tout en rejetant cette lourde charge sur le peuple, on crut économique, au moins prudent, de faire exécuter le travail à prix d'argent ; seulement cet argent se prenait dans la poche du peuple : « On substitue aujourd'hui (1786), dit le même chroniqueur, une prestation pécuniaire répartie au marc la livre des contributions roturières, de façon qu'il n'y aura plus que les vilains d'assujettis à cette taxe. »

Il en fut de l'abolition des corporations industrielles comme de celle de la corvée ; elle fut mise à néant après la disgrâce de Turgot. Toutefois l'élan était donné, et la Constituante de 1791 se souvint des admirables paroles du grand ministre qui n'était plus, mais dont la pensée restait vivante. Comment cet appel religieux à la justice eût-il pu être oublié ? «Dieu, » disait magnifiquement Turgot par la bouche du roi, dans un de ces considérants où il *semait des ordres en terre préparée,* « Dieu, en donnant à l'homme des besoins, en lui rendant nécessaire la ressource du travail, a fait du droit de travailler la propriété de tout homme, et cette propriété est la première, la plus sacrée et la plus imprescriptible de toutes. Nous regardons comme un des premiers devoirs de notre justice, et comme un des actes les plus dignes de notre bienfaisance, d'affranchir nos sujets de toutes les atteintes portées à ce droit inaliénable de l'humanité. Nous voulons, en conséquence, abroger ces institutions arbitraires qui ne permettent pas à l'indigent de vivre de son travail, qui repoussent un sexe à qui la faiblesse a donné plus de besoins et moins de ressources, et qui semblent, en le condamnant à une misère inévitable, seconder la séduction et la débauche; qui éteignent l'émulation et l'industrie, et rendent inutiles les talents de ceux que les circonstances excluent de l'entrée d'une communauté; qui privent l'Etat et les arts de toutes les lumières que les étrangers y apporteraient; qui retardent les progrès de ces arts..; qui, enfin, par la facilité qu'elles donnent aux membres des communautés de se liguer entre eux, de forcer les membres les plus pauvres à subir la loi des riches, deviennent un instrument de monopole et favorisent des manœuvres dont l'effet est de hausser au-dessus de leur proportion naturelle les denrées les plus nécessaires à la subsistance du peuple. »

A ces deux grandes mesures réparatrices, la suppression de la corvée et celle des corporations industrielles, s'en ajoutent d'autres moins importantes, indépendamment de celles que nous avons signalées d'abord. Toutes encore tendent à la liberté du travail, de l'industrie, du commerce, à l'allégement des impôts, et en même temps à l'extinction de la dette publique et au rétablissement de l'équilibre budgétaire. Le problème administratif ainsi posé semble difficile à résoudre. Et pourtant il était en grande partie résolu; il allait l'être complétement, quand Turgot dut renoncer à cette grande tâche.

« Depuis que M. Turgot est dans le ministère, disait Bachaumont, il est démontré qu'il a diminué l'anticipation (accoutumée sous Louis XV de la dépense d'une année sur le budget de l'année suivante) de 37 millions, par les différentes réductions et économies sur les emprunts usuraires ; en sorte qu'en allant toujours sur les mêmes errements, l'allègement doit devenir de plus en plus considérable. Voilà ce qui désole les sangsues publiques et les fait crier après un contrôleur général qui leur ôte des bénéfices aussi gras et aussi funestes pour le monarque. »

Avant d'aborder le chapitre des hostilités qui le firent tomber du pouvoir, disons donc encore un mot des bienfaits de son administration. C'était un bien déjà, un très-grand bien même, de mettre un terme aux abus de toute nature qui s'étaient établis au très-grand préjudice de l'E-tat ou des particuliers, et cela seul suffirait à la bénédiction de la mémoire du grand ministre. Mais il ne s'agissait pas seulement pour lui d'alléger les charges publiques en les répartissant avec plus d'équité, de supprimer une foule de prétendus moyens d'alimenter le Trésor, tel que le droit d'aubaine, la vénalité des offices, etc., etc. ; il fallait en même temps en augmenter les revenus. Il fallait, en tarissant des sources impures, en ouvrir de plus abondantes et d'un produit plus irréprochable. Il fallait établir une toute autre manière de faire valoir les biens de l'Etat, d'exploiter les régies diverses, en créer habilement de nouvelles, supprimer les pots de vin, donner soi-même l'exemple du désintéressement par l'abandon, au profit des pauvres, de 300,000 fr. que la ferme générale était dans l'usage d'offrir au ministre des finances à son entrée aux affaires. Il fallait se garder en tout cela de porter atteinte aux droits des particuliers ou d'aggraver la situation des débiteurs ou des fermiers du domaine. Il fallait ouvrir de nouvelles voies à l'activité industrielle et commerciale, laisser les villes établir à leur gré des foires et des marchés. Il fallait, en un mot, la liberté par la justice. Les particuliers, en travaillant, en s'enrichissant, ne pouvaient manquer d'enrichir l'Etat. En favorisant l'agriculture, l'industrie et le commerce, en multipliant, en améliorant les routes et les canaux, l'Etat faisait une dépense qui devait, en définitive, lui être très-profitable. Mais il y avait d'autres biens à procurer : c'était l'unité des poids et mesures à créer, des plantes exotiques à introduire sous le ciel français, des écoles d'agriculture à créer, des commissions médicales à établir, au moins à Paris, des établissements de bienfaisance à fonder, tels que bureaux de charité, maisons d'accouchement, des ouvrages à rédiger qui devaient servir de guide au commerce et à la finance, etc. Tout cela fut entrepris, en partie exécuté. Nous ne parlons pas de plus vastes projets, de ceux qui étaient destinés à la transformation politique de la nation française, à la révolution pacifique et graduée qu'il fallait opérer, si l'on voulait en prévenir une violente et désordonnée. Mais combien étaient loin de cet esprit ceux qui, par une opposition aussi insensée qu'injustement égoïste, devaient un jour payer si cher le déplorable succès de leurs intrigues contre le génie et la vertu réunis pour le plus grand avantage de la chose publique [1] !

Est-ce à dire que Turgot eût toujours eu raison, qu'il ne commît aucune faute? Autant presque vaudrait dire qu'il fut infaillible et impeccable ou qu'il ne fut pas homme. Mais quand on lui reproche de n'avoir gardé aucune mesure, de n'avoir tenu aucun compte des difficul-

---

1. Voir, pour les détails, l'ouvrage cité, p. 38-55, 131-221.

tés qu'il devait rencontrer ou même de n'avoir pas su les entrevoir, de n'avoir pas compris la nécessité de mettre le temps de la partie, d'avoir fait trop bon marché de la question toujours pendante de l'opportunité ; on manque soi-même de mesure et de justice. Nous avons suffisamment fait voir ailleurs que si Turgot agissait avec résolution, ce n'était qu'après avoir médité sur ce qu'il y avait à faire et sur les meilleurs moyens à employer. Nous avons vu également les ménagements pour ainsi dire extrêmes dont il usa envers la noblesse et le clergé, la nécessité par lui reconnue d'ajourner des mesures plus graves encore que celles qu'il pensait devoir prendre, parce que celles-ci étaient plus urgentes et semblaient pouvoir être acceptées avec le moins de défaveur et de résistance. Où donc est sa faute? Un économiste distingué, dans un éloge justement apprécié par l'Académie française, nous semble l'avoir trouvé, du moins son opinion sur ce point est aussi la nôtre ; et comme nous ne pourrions mieux ni même aussi bien l'exprimer, on nous permettra d'emprunter ses propres paroles pour rendre une pensée qui nous est commune : « Comme ministre, Turgot a encouru un double reproche : on a prétendu qu'il avait mal compris la situation et peu connu les hommes. La première de ces imputations ne supporte pas l'épreuve des faits : ses mesures furent aussi modérées qu'elles étaient justes. Quant au reproche d'avoir peu connu les hommes, on a vu que Turgot ne se trompa point sur leur compte en arrivant au pouvoir ; mais peut-être se montra-t-il moins habile à traiter avec eux ; peut-être n'eût-il pas assez de cette souplesse qui est un des moyens de la force. Il ignora l'art de faire servir au bien de l'humanité même les faiblesses humaines ; il voulut que les moyens fussent en tout aussi irréprochables que le but. Quand on a résolu de dire la vérité aux passions, il y faut mettre des ménagements infinis. Turgot eut, je crois, le tort de ne pas leur en demander assez pardon [1]. »

Ceci revient au mot du grand ministre lui-même, lorsque, dans sa lettre au roi, faisant comme un examen de conscience, il dit : « Je n'ai pas l'orgueil de croire que je n'aie jamais fait de fautes. Ce dont je suis sûr, c'est qu'elles n'ont été ni graves ni volontaires. »

[1]. *Eloge de Turgot,* discours couronné par l'Académie française, par M. H. BAUDRILLART.

CHAPITRE V

LES ADVERSAIRES ET LES ENNEMIS DE TURGOT.

Que Turgot ait dû avoir des adversaires, rien
de plus naturel puisqu'il était au pouvoir et
qu'il avait déclaré une guerre ouverte aux abus.
Mais qu'il ait eu des ennemis, c'est plus difficile à concevoir. Rien cependant de plus vrai,
si par inimitié il faut entendre des sentiments
de malveillance pour la personne. Ce n'était pas
seulement au pouvoir, au ministre qu'on en
voulait, l'homme même était visé et atteint
dans le ministre. Ce mauvais sentiment respire
d'une manière frappante dans plusieurs pamphlets de l'époque, en particulier dans celui qui
porte le titre de : *Le singe de M. de Maurepas ou les*

Mannequins du gouvernement. Cette brochure qui circula d'abord en manuscrit, et qui avait pour auteur Monsieur, frère du roi, futur Louis XVIII, alors âgé de vingt ans, fut lancée dans le public de la cour, le 30 mars 1776, le jour même où le parlement, dans un arrêt de circonstance, faisait une allusion malveillante aux grandes mesures administratives de Turgot. Voici dans quels termes sarcastiques, — assez peu dignes d'une plume qui aurait eu le respect d'elle-même, moins dignes encore du rang de l'auteur et que n'excuse pas sa jeunesse, — le contrôleur général était dépeint : « Il y avait en France un homme gauche, épais, lourd, né avec plus de rudesse que de caractère, plus d'entêtement que de fermeté, plus d'impétuosité que de tact, charlatan d'administration ainsi que de vertu, fait pour décrier l'une, pour dégoûter de l'autre ; du reste sauvage par amour-propre, timide par orgueil, aussi étranger aux hommes qu'il n'avait jamais connus qu'à la chose publique qu'il avait toujours mal aperçue : il s'appelait Turgot. Pour assurer ses positions, M. Turgot s'était associé un autre mannequin d'un genre fort extraordinaire, M. de Malesherbes. Le jeu de cette machine était brillant, rapide, imposant, mais très-inégal, très-disparate ; elle se pliait à toutes les formes avec une facilité singulière, mais n'en conservait aucune, car elle était populaire, et, le lendemain, d'une conduite servile, elle traçait des formes républicaines et signait également une cédule despotique. »

Cette indigne production, inspirée par le mauvais esprit de la cour, y eut beaucoup de succès ; les courtisans, la reine [1], le roi lui-même, tout le monde la lut. Elle ne fut sans doute

---

1. La reine était si contraire à Turgot que, non contente de le faire disgrâcier, elle voulait qu'il fût mis à la Bastille. Cette hostilité de Marie-Antoinette, entretenue par des passions intéressées, contre le grand ministre de Louis XVI, est un fait indubitable ; il est attesté par la correspon-

pas sans influence sur la funeste détermination qui, moins de six semaines après, faisait renvoyer du ministère le seul homme qui eût pu prévenir, si elles avaient pu être prévenues d'ailleurs, les catastrophes révolutionnaires qui devaient éclater dix-sept ans plus tard d'une manière si terrible sur tant de têtes royales et princières [1].

Le ministère de Turgot ne fut qu'une lutte perpétuelle. En acceptant le poste de contrôleur général ou de ministre des finances qui lui donnait le rang et l'autorité de premier ministre, Turgot avait ses plans tout arrêtés ; il s'agissait

dance de cette princesse avec sa mère, publiée par **MM.** Geffroy et le chevalier d'Arneth.

1. Les caricatures n'étaient pas plus épargnées à Turgot que les pamphlets et les petits vers. Bachaumont rapporte qu'on représentait le ministre en cabriolet avec la duchesse d'Anville, très-attachée à Turgot, quelque peu économiste et philosophe. L'abbé Baudeau, l'abbé Roubaud, Dupont, de Vaines, et autres partisans du système économique, y sont représentés tirant le cabriolet et le faisant rouler sur un tas de blé, etc.

pour lui d'extirper les abus, de couper les têtes de l'hydre d'un régime détestable, mais puissant par le nombre, par la position, par la fortune, par le crédit des intéressés, et surtout par la longue possession où ils étaient de priviléges si profitables et de faveurs qui passaient encore pour des droits [1].

Plein de ces grands projets, et fermement résolu à les mettre à exécution, le nouveau ministre ne pouvait se dissimuler qu'il rencontrerait une grande et vive opposition de la part de tous les privilégiés d'abord, c'est-à-dire des princes, des courtisans, du parlement, de la noblesse et des financiers, ensuite de la bourgeoisie et du peuple lui-même qui seraient facilement égarés sur ses intentions et la portée salutaire de ses réformes. Il y a comme un pressentiment dou-

1. Voir, sur ces abus, l'excellent *Discours d'ouverture* de M. Michel Chevalier à son cours d'économie politique au Collége de France (1872-1873), p. 8-11.

loureux et résigné des tribulations qui l'attendent et même de l'abandon et de la défaveur qui pourraient lui arriver de la part du roi, dans les mémorables paroles qu'il lui adresse. en prenant possession du pouvoir. Après avoir déclaré qu'il n'aurait recours ni à l'augmentation des impôts, ni aux emprunts pour couvrir le déficit du Trésor, et qu'il entendait moins encore faire banqueroute ; qu'il n'y avait par conséquent que des mesures d'économie à prendre, il va au-devant des objections et des difficultés qui l'attendent en fait de réformes de ce genre : « On demande sur quoi retrancher, et chaque ordonnateur, dans sa partie, soutiendra que presque toutes les dépenses particulières sont indispensables. Ils peuvent dire de fort bonnes raisons ; mais comme il n'y en a pas pour faire ce qui est impossible, il faut que toutes ces raisons cèdent à la nécessité absolue de l'économie... Je ne demande point à Votre

Majesté d'adopter mes principes sans les avoir examinés et discutés, soit par Elle-même, soit par des personnes de confiance en sa présence ; mais quand Elle en aura reconnu la justice et la nécessité, je la supplie d'en maintenir l'exécution avec fermeté, sans se laisser effrayer par des clameurs qu'il est absolument impossible d'éviter dans cette matière, quelque système qu'on suive, quelque conduite qu'on tienne... Je serai craint, haï même de la plus grande partie de la cour, de tout ce qui sollicite des grâces. On m'imputera tous les refus, on me peindra comme un homme dur, parce que j'aurai représenté à Votre Majesté qu'Elle ne doit pas enrichir même ceux qu'Elle aime aux dépens de la subsistance de son peuple. Ce peuple, auquel je serai sacrifié, est si facile à tromper, que peut-être j'encourrai sa haine par les mesures mêmes que je prendrai pour le défendre contre la vexation. Je serai calomnié, et peut-être avec assez de vraisemblance pour m'ôter la confiance de Votre Majesté. Je ne regretterai point de perdre une place à laquelle je ne m'étais point attendu. Je suis prêt à la remettre à Votre Majesté dès que je ne pourrai plus espérer de lui être utile ; mais son estime, la réputation d'intégrité, la bienveillance publique qui ont déterminé son choix en ma faveur, me sont plus chères que la vie, et je cours risque de la perdre même en ne méritant à mes yeux aucun reproche... »

La jeune reine fut constamment opposée à Turgot; elle aurait voulu le retour de Choiseul au ministère, en cela conseillée par sa mère et sans doute aussi par reconnaissance personnelle, parce que Choiseul avait fait le mariage autrichien. Choiseul avait été remplacé dans les conseils de Louis XV par ce qu'on appelait le triumvirat, c'est-à-dire Maupeou, l'abbé Terray et le duc d'Aiguillon. On ne pouvait, naturellement , garder des ministres qui avaient si bien servi les courtisans et si mal le pays. Louis XVI hésitait. A la fin, il se décida en faveur de Maurepas qui, lui aussi, avait été ministre de Louis XV, mais qui depuis vingt-cinq ans était éloigné des affaires. Il avait été exilé pour avoir chansonné la Pompadour. Les services qu'il avait autrefois rendus, les motifs de sa disgrâce, étaient sans doute des titres en sa faveur; mais ce n'était pas l'homme de la situation. Son grand âge, sa frivolité d'esprit, son peu 'application aux affaires, l'inintelligence des besoins de l'époque, ne pouvaient en faire un bon président du conseil, même sans portefeuille.

C'était une âme insuffisante à un corps de ministre. Il manquait également de l'amour passionné du bien, sans lequel il est difficile d'y être attaché, de le vouloir fermement et de le faire. Une sorte d'indifférence lui faisait dire souvent : « Cela durera bien autant que nous », ou bien : « On peut en essayer. » Il se décida donc à essayer de l'intendant de Limoges, comme ministre de la marine d'abord, puis comme ministre des finances. L'abbé Véry, un abbé de cour, ancien camarade de Turgot au séminaire et à la Sorbonne, fort goûté de Mme de Maurepas, lui avait fait partager son admiration pour son ami ; et Mme de Maurepas, qui avait beaucoup d'ascendant sur l'esprit de son mari, l'avait déterminé à entretenir le roi du mérite exceptionnel de l'intendant du Limousin. Les économistes faisaient d'ailleurs quelque bruit et n'étaient pas sans influence ; il pouvait y avoir là du bon, c'était *à essayer*. D'ailleurs, l'administration de Turgot dans le Limousin n'avait point passé inaperçue ; et si elle n'était pas entièrement du goût de tout le monde, elle avait du moins des côtés très-recommandables.

Turgot fut donc appelé au ministère, malgré

la reine. Les tantes du roi, Mesdames Adélaïde, Sophie et Louise, sans prendre une part bien vive au maniement de la chose publique, avaient néanmoins une manière de voir, une opinion et une influence propres ; leurs occupations d'artistes et surtout leurs principes et leurs habitudes de dévotion n'en pouvaient faire des politiques d'une bien forte trempe ; elles furent bien vite prévenues contre le nouveau ministre, qui passait pour peu aimable et pour esprit fort. Madame Adélaïde avait cependant contribué beaucoup au retour de Maurepas. Mais celui-ci, en appelant Turgot aux affaires, se montra peu reconnaissant. La considération du bien public eût pu l'excuser auprès des princesses, si elles avaient été portées à voir dans un partisan des économistes et dans un ami des encyclopédistes autre chose qu'un esprit à système, dont les hardiesses pouvaient avoir leurs dangers. Souvent on se défie plus encore d'un mal possible dont la nature et l'intensité sont inconnues, qu'on n'est impatient d'un mal réel qu'on connaît, et qui, somme toute, est si loin d'être absolument intolérable qu'il n'est pas sans quelques avantages ; les plus honnêtes privilégiés peuvent être sincèrement dans cette persuasion : n'est-il donc rien dû de particulier à leur rang ? Cette distinction de rangs n'est-elle pas au profit de la chose publique ? Ne tient-elle pas à la constitution même du pays, à la loi fondamentale qui est la base de toutes les autres, de l'édifice social tout entier ? Et puis, quelle humanité d'ailleurs envers les petites gens dans la manière dont on exerçait des droits établis depuis si longtemps ! Il faut donc être bien mal pensant pour trouver à redire à un état de choses qui a pour lui l'intérêt public, la justice, la bienveillance même, et que la sanction des siècles a consacré. Tels sont les sentiments dont se coloraient, avec plus ou moins de sincérité ou d'hypocrisie, les ennemis des réformes, c'est-à-dire tous ceux auxquels profitaient des abus plusieurs fois séculaires. Voilà ce que n'apercevait pas assez le roi, ou contre quoi il manqua de résolution et de fermeté. C'est sans doute aussi ce qui a fait dire à M. Beslay [1] que « la raison des fautes de Louis XVI n'était pas tout entière dans la nature faible du petit-fils de Louis XV ; elle était dans la prodigieuse perversité des hommes qui l'entouraient. »

On doit croire néanmoins qu'il y avait chez beaucoup d'entre eux, à commencer par le roi et la reine, à continuer par les tantes et les frères du roi, encore plus d'aveuglement que de perversité. Mais il en faut conclure aussi l'extrême facilité avec laquelle on s'abuse lorsque l'intérêt personnel se trouve d'accord avec une erreur ou une situation profitable. Et puis à

1. *Les ennemis de Turgot*, dans la *Revue contemporaine*, travail qui nous a beaucoup servi.

la cour on était habitué aux manières légères, aimables, de ministres dont les prodigalités semblaient encore partir d'un bon cœur, et contre lesquelles il était aussi impossible d'être sévère que contre soi-même. Quelle différence entre un abbé Terray et un Turgot!

Savant dans l'art de multiplier les impôts, d'établir des monopoles au profit du prince et du ministre, très-peu difficile en matière de banqueroute, prenant la détresse publique et les plaintes du peuple en riant, incapable de scrupule, et toujours prêt aux expédients les moins honnêtes ou les plus compromettants, sans souci de l'opinion et du bien-être du peuple, Terray était l'homme qui devait le plus gaîment mener la monarchie à sa perte et lui en faire prendre son parti. C'est évidemment sous son inspiration, en cela bien secondé par Maurepas, que Louis XV disait avec l'aisance égoïste qu'on sait : « Après moi le déluge. » Turgot, de principes et de mœurs austères, d'humeur peu joviale, toujours pensif, toujours réfléchi, profondément pénétré des devoirs de sa position d'homme public, chargé de remédier à de grands maux, n'ignorant point les résistances passionnées qui l'attendaient, ne voulant ni aggraver les impôts, ni ajouter à la dette publique, ni libérer l'Etat par la banqueroute, ni porter atteinte par le monopole à la liberté du commerce et de l'industrie ; Turgot, ne voyant de salut que dans l'économie, c'est-à-dire dans la suppression d'une multitude de faveurs abusives, était peu disposé à rire et à faire rire les courtisans et autres sangsues de la chose publique. Ayant de fort bonne heure pris sa vie au sérieux ; peu gâté dans sa propre famille où il passait pour sauvage, formé ensuite par le séminaire et la Sorbonne aux méditations sérieuses ; porté par son tour d'esprit, par ses goûts essentiellement élevés, réfléchis, studieux et scientifiques, par

les principes d'une haute et pure morale, à des
idées et à des sentiments médiocrement d'accord avec ceux qui se rencontrent d'ordinaire
dans le monde, Turgot devait faire à la cour
une étrange figure. Il y devait paraître gêné ou
gênant. Et comme il avait le sentiment de sa
valeur, la conscience de sa droiture, la franchise, la simplicité et la dignité de ses manières pouvaient aisément passer pour de l'orgueil
et blesser des susceptibilités accoutumées à plus
de prévenances et de ménagements apparents.
Et puis, à la cour, on n'aimait guère les économistes ni les philosophes, gens tous un peu curieux,
qui ont le tort de regarder à tout ce qui se fait,
parfois même d'y trouver à redire, et l'on savait
Turgot lié avec les uns et très-haut placé dans
l'estime des autres. Or, quoique les économistes
et les philosophes ou encyclopédistes fussent
loin de se ressembler, quoique d'esprit très-
différent à bien des égards, ils avaient néan-

moins cela de commun, de trouver que tout
n'était pas pour le mieux dans le monde où ils
vivaient, et par conséquent de réclamer, les uns
et les autres, des changements dans l'ordre ma-
tériel, moral et politique de la société française.
L'homme de ces gens-là devait donc être très-
suspect à un monde qui s'accommodait si fort
d'un présent où il trouvait tout irréprochable.
Plus il y eut de joie et d'espérances chez les économistes et les philosophes à l'avénement de
Turgot aux affaires, plus donc il y eut de contra-
riété dans le monde courtisan et dévot. Si le
vieux Quesnay mourut de joie quelques jours
après, si le philosophe de Ferney mettait le
nouveau ministre au-dessus de Colbert et de
Sully, s'il ne craignait pour lui que les financiers et la goutte (ce qui n'était pas à beaucoup
près tout ce que Turgot avait à craindre), on
chansonnait déjà l'économiste, on le dépopula-
risait avant même qu'il eût rien fait, en persua-

dant au peuple qu'il n'avait rien à espérer de tous ces grands projets qui passaient cependant pour être à son profit. On mit donc en circulation les petits vers, bien persuadé que l'esprit public s'y laisserait prendre, sans même se soucier trop de ne pas compromettre le roi en attaquant son ministre. On disait donc :

> Grâce au bon roi qui règne en France,
> Nous allons avoir la poule au pot !
> Cette poule c'est la finance,
> Que plumera le bon Turgot.
> Pour cuire cette chair maudite
> Il faut la Grève pour marmite,
> Et l'abbé Terray pour fagot.

Quoique la philosophie de Turgot n'eût de commun avec celle de ses contemporains en général, et des encyclopédistes en particulier, que l'esprit philosophique, c'est-à-dire la foi profonde en la raison humaine, malgré ses faiblesses et ses erreurs passagères, le droit pour tous d'en user consciencieusement et l'utilité de le faire, le clergé ne lui pardonnait point l'estime et l'affection dont il jouissait auprès des libres penseurs de l'époque. Il eut, aux yeux de l'Eglise, le premier et impardonnable tort d'avoir voulu retrancher de la formule du sacre la promesse d'exterminer les hérétiques. Il n'en fallut pas davantage pour le faire accuser d'irréligion. Ce fut bien autre chose quand les voitures publiques eurent le droit de transporter les voyageurs les dimanches et les jours de fête, quand les bouchers purent vendre en carême comme en tout autre temps, quand on sut que les biens ecclésiastiques étaient menacés d'être soumis à l'impôt comme tous les autres. En vain ils furent épargnés; le ministre, auquel Sismondi reprocherait volontiers d'avoir agi cette fois avec mollesse, ne le fut pas : on l'accusa d'impiété, d'athéisme ; on alla même jusqu'à dire, pour le rendre plus sûrement odieux, qu'il méditait de rendre la France schismatique : « Les évêques, dit Bachaumont, prétendent que M. Turgot, qu'ils regardent comme un athée, à raison de ses liaisons avec les philosophes du jour, tend insensiblement à faire le roi chef de l'Eglise gallicane, et conséquemment à détruire la religion. » Aussi les évêques faisaient-ils cause commune avec tous les ennemis de Turgot, particulièrement avec le prince de Conti, qui était l'âme de la société dite du Temple, société très-mondaine, fort peu morale et point du tout dévote. Sa haine, son opposition aux mouvements généreux et libéraux du nouveau règne, faisait l'unité de ce parti. C'est ainsi que s'explique la bigarrure de sa composition. A côté du comte d'Artois, du duc de Chartres, de Choiseul, d'un grand nombre d'anciens pairs, se voyaient des prélats, philosophes à leur manière, beaucoup de gens de lettres et les anciens parlementaires. C'est là que s'organisa l'opposition terrible qui devint une guerre de salon et de place publique, et qui dut faire succomber enfin l'honnête et courageux ministre qui en fut l'objet.

L'ancien parlement, dont Louis XVI eût dû maintenir la dissolution, suivant l'opinion de Turgot, fut rétabli, sur l'avis de Maurepas. La couronne de France rentrait ainsi au greffe, d'où Maupeou l'avait un instant tirée. On pense bien que ce triomphe des parlementaires n'était pas fait pour les rendre modestes et moins entreprenants. En vain Turgot s'était montré conciliant, bienveillant même à l'égard des individus, dont les plus méritants, suivant lui, pouvaient être appelés à des postes éminents, dans la magistrature ou ailleurs; il demeurait coupable aux yeux de la compagnie d'avoir été contraire à son rétablissement. Et comme le peuple était dans l'habitude de voir dans le parlement le protecteur de ses droits contre la couronne et contre l'Eglise, ce fut pour les parlementaires une raison de plus d'entreprendre la ruine du ministre dans l'opinion publique. Il n'y manqua point. Il saisit avec empressement l'occasion la plus propre à égarer le peuple, à l'irriter, à le porter même à l'émeute, à la révolte ; je veux parler de la disette de 1775, et du libre commerce des grains prescrit par le contrôleur général. Il fut facile de faire croire à des populations ignorantes et accoutumées à vivre sous un régime commercial et administratif tout opposé, que la cherté du pain était un effet des mesures nouvelles. On recourut, pour accréditer cette erreur, aux moyens ordinaires, la calomnie et le ridicule : la chanson fut répandue ; les émissaires détachés sur les points les plus inflammables. On faisait donc dire e répéter au peuple :

> Est-ce Maurepas abhorré
> Qui nous rend le blé cher en France ?
> Ou bien est-ce l'abbé Terray ?

> Est-ce le clergé, la finance ?
> Des jésuites est-ce vengeance ?
> Ou de l'Anglais un tour fallot ?
> Non ; ce n'est point là le fin mot.
> Mais voulez-vous qu'en confidence
> Je vous dise le mot ?... C'est Turgot.

Les partisans de la reine et du parlement, Sartines, qui venait de quitter la lieutenance générale de la police pour le secrétariat de la marine, Lenoir, qui le remplaçait au premier de ces postes, devinrent les agents les plus influents de la conspiration ourdie par les parlementaires et le prince de Conti. Pontoise, d'où le parlement de Paris avait été naguère rappelé, fut un des principaux foyers d'insurrection. C'est de là que partirent les brigands soldés pour se rendre à Paris, à Versailles et dans les provinces, où ils devaient soulever le peuple. Il y avait là une main cachée, mais puissante ; on sut qu'elle y était avant de savoir et de pouvoir dire de qui elle était. Le garde des sceaux, qui

en pensait sans doute plus qu'il n'en pouvait
dire, qui en savait vraisemblablement plus qu'il
n'en pouvait prouver, disait : « La marche des
brigands semble être combinée ; leurs approches
sont annoncées ; des bruits publics indiquent le
jour, l'heure, les lieux où ils doivent commet-
tre leurs violences. Il semblerait qu'il y eût un
plan formé pour désoler les campagnes, pour
intercepter la navigation, pour empêcher le
transport.des blés sur les grands chemins, afin
de parvenir à affamer les grandes villes, et
surtout Paris. » Il y avait bien d'autres raisons [1], qui démontraient l'intervention d'une
intrigue criminelle dans ce qu'on appela la
guerre des farines. Mais l'essentiel de l'intrigue,
ce qui en était la fin dernière, c'était de faire
retomber sur Turgot tous les malheurs de la situation, de le rendre responsable aux yeux du

1. Voyez notre ouvrage sur *Turgot, sa vie,* etc , p. 136-
142.

public des crimes dont on s'était rendu coupable envers lui et envers la chose publique. Deux moyens se présentaient : la calomnie vulgarisée par l'ironie de la chanson, et les formes judiciaires pour empêcher la lumière d'éclairer la situation et la vraie justice d'atteindre les vrais coupables. Encore la chanson, encore le parlement. La chanson, toujours aussi sotte que méchante, disait :

> Inonder l'Etat de brigands,
> Multiplier les mendiants,
> Des malheurs augmenter la somme,
> Et soulever les paysans,
> Sont les résultats effrayants
> Du système de ce grand homme
> Dont les fous sont les partisans.

> Riez, chantez, peuple de France,
> Vous recouvrez la liberté;
> Quant à votre propriété,
> Le prince en garde la finance,
> Et de ce fortuné bienfait
> Zéro sera le produit net.
>   Etc., etc.

Le parlement, pour se donner des airs d'innocence, pour avoir l'occasion de déverser le
blâme sur sa propre victime, et pour empêcher le
public d'y voir clair, réclamait la connaissance
de l'affaire. Turgot, par un lit de justice, ordonna
l'enregistrement d'une proclamation royale qui
attribuait la répression de la révolte à la juri-
diction prévôtale, conformément aux lois exis-
tantes. Le langage du roi fut ferme; mais ce
n'était pas le sien. Après avoir dit, en congé-
diant l'Assemblée : « Je compte que vous ne
mettrez point d'obstacles ni de retardement
aux mesures que j'ai prises afin qu'il n'arrive
pas de pareil événement pendant le temps de
mon règne », il exprima de l'inquiétude et des
doutes à son ministre : « Au moins, dit-il, n'a-
vons-nous rien à nous reprocher? » Hélas ! oui;
il avait à se reprocher d'avoir rétabli le parlement, contre l'avis de Turgot. Cependant, cette
fois encore, il garda la parole qu'il lui avait

donnée immédiatement après avoir commis cette
faute : « Soyez tranquille, je vous soutiendrai. »
Le ministre avait donc encore la confiance du
roi. C'était là le point que ses ennemis voulaient attaquer. Il fallait trouver des vices au
système et des torts à l'homme. On fera tout
pour sembler y avoir réussi.

L'abbé Galiani écrira des dialogues sur le
commerce des grains, où, faute de raisons et de
loyauté, la plaisanterie, la dérision, le sar-
casme et le sophisme seront prodigués à pleine
main ; il amusera la malignité, déversera le ridicule sur les économistes et leurs doctrines, et
aura persuadé la plupart de ceux qu'il aura fait
rire. S'il se trouve des esprits plus difficiles,
Necker leur sera réservé ; il écrira contre la liberté du commerce des grains, et portera l'attention sincère ou perfide des procédés jusqu'à
communiquer son manuscrit à Turgot avant de
le rendre public, avec l'assurance de ne point le

publier si le contrôleur général l'estimait de nature à contrarier les intentions du gouvernement. Turgot avait l'âme trop haute et des convictions trop fermes pour craindre la contradiction, alors encore qu'elle eût été moins courtoise. Il l'avait bien prouvé dans une circonstance tout à fait analogue et où se trouvaient deux coupables, dont un au moins aurait pu être frappé, si Turgot n'eût pas été au-dessus d'un ressentiment qui aurait tenu de la faiblesse, puisqu'il eût ressemblé à de la vengeance. Cette générosité, — et ce n'est pas la seule de cette espèce dont Turgot ait fait preuve, — ne fut pas comprise ou fut empoisonnée : on ne vit ou l'on ne voulut voir que de la faiblesse dans une conduite qui n'était cependant dictée que par la magnanimité [1]. Necker publia donc son mémoire. La cabale et les gens de lettres en firent le plus

1. Voici comment Bachaumont raconte le fait : « **M.** Turgot, instruit que **M.** de Sartines n'ignorait pas un propos im-

grand éloge. Voltaire n'y vit qu'un « fatras, une petite drôlerie. » Morellet le réfuta ; mais tout en ayant raison pour le fond, il fut malhabile dans la forme, et sa réfutation passa inaperçue. Linguet, dans son *Journal de littérature et de politique*, se déclare contre les économistes et l'application qui était faite de leurs doctrines. Grimm et Mallet-Dupan se joignirent à la cabale. Ce fut un *tolle* général.

Turgot laissa dire et laissa faire, mais avec la résolution de marcher plus avant et plus largement dans sa voie. C'est alors qu'il tenta le

pudent de l'abbé Baudeau sur son compte, a cru devoir aller trouver ce ministre, lui déclarer combien il était irrité lui-même de l'audace criminelle de cet économiste qui s'en repentait amèrement et était disposé à subir la peine qu'il voudrait lui infliger, etc. Le secrétaire d'Etat de la marine a été reçu par le contrôleur général avec hauteur : celui-ci lui a répondu qu'il se regardait comme fort au-dessus des injures de cet abbé. Il semble que M. Turgot, sans se prévaloir de la générosité du ministre rival, aurait dû châtier son suppôt et n'en faire qu'un exemple plus éclatant. On désapprouve fort cette mollesse. »

grand coup qui devait retomber sur lui et l'a-
battre. « Son expérience administrative, dit
Blanqui, lui avait fait sentir plus d'une fois
combien il fallait apporter de ménagements
même dans l'exécution des améliorations les
plus indispensables. Mais les résistances achar-
nées qu'il rencontra, irritèrent sa probité et ne
lui permirent pas toujours de garder la mesure
convenable au milieu du conflit des opinions....
Il frappait sur tout : nobles, financiers, bour-
geois, prêtres, gens de lois, monopoleurs, il
voulait tout plier au joug de ses réformes, et il
semblait ne désespérer de rien. « J'ose répondre,
disait-il au roi, que, dans dix ans la nation
ne sera pas reconnaissable. » Cette foi ar-
dente, éclairée, convaincue en la possibilité
du bien, lui faisait dire : « Ce que j'admire
dans Colomb, ce n'est pas d'avoir découvert un
monde; c'est d'être parti pour le rechercher, sur
la foi d'une idée. » Lui aussi avait découvert un

monde, mais un monde idéal, pratique cependant, et qu'il s'agissait de réaliser. Et à quelqu'un qui lui reprochait sa précipitation, il répondait : « Vous connaissez les besoins du peuple ; vous savez que dans ma famille on meurt de la goutte à cinquante ans, et vous trouvez que je suis trop pressé ! »

Il fallait donc abattre d'un seul coup ce qu'il y avait de plus onéreux pour le peuple dans la féodalité. Cinq édits furent proposés en même temps à la signature du roi : les principaux avaient pour objet l'abolition de la corvée, son remplacement par la confection et l'entretien des grandes routes à prix d'argent, par conséquent l'affranchissement de l'agriculture ; la suppression des jurandes, des maîtrises, des corporations, c'est-à-dire la liberté de l'industrie.

Turgot ne pouvait se faire illusion sur la résistance qu'il allait rencontrer au parlement, et sur le mauvais accueil qui l'attendait dans le monde influent des salons et des affaires. S'il en eût pu douter jamais, les poursuites dont Boncerf et son ouvrage *Sur les inconvénients des droits féodaux* furent l'objet, l'auraient infailliblement tiré de cette illusion. Et pourtant Boncerf, ami de Turgot, premier commis des finances, n'avait rien proposé de bien révolutionnaire, rien d'essentiellement attentatoire à ce que les privilégiés pouvaient appeler leurs droits. Sans demander que les seigneurs fussent forcés à recevoir le remboursement des redevances féodales, bien moins encore qu'elles fussent supprimées sans compensation, il démontrait seulement que s'ils consentaient à ce remboursement, ils pouvaient le porter à une valeur qui doublerait leur revenu. Eh bien ! cette ouverture pacifique passa pour un attentat; le parlement condamna l'ouvrage à être brûlé, et l'auteur dut s'estimer heureux d'en être quitte à ce prix.

Voltaire, qui n'était pas trop hostile aux droits seigneuriaux et qui avait pour cela ses raisons, en apprenant la condamnation du livre, écrivait à l'auteur : « Il me paraissait que vos vues ne pouvaient que contribuer au bonheur du peuple et à la gloire du roi : j'en étais d'autant plus persuadé qu'elles sont entièrement conformes aux projets et à la conduite du meilleur des ministres que la France ait jamais eu à la tête des finances. Vous m'apprenez, monsieur, que je me suis trompé, que l'idée de faire du bien aux hommes est absurde et criminelle, et que vous avez été justement puni de penser comme M. Turgot et comme le roi. »

L'accord que suppose ici Voltaire entre le roi et son ministre, était une erreur ; le roi inclinait plutôt à l'avis du duc de Nivernois, qui ne voyait dans Boncerf qu' « un fou, mais pas un fou fieffé. » Cependant les édits furent signés. Mais ils devaient être enregistrés. Le parlement les fit examiner par une commission. La question, longuement débattue, aboutit à cette solution que, des cinq édits proposés, un seul, un des moins importants, celui qui avait pour objet la suppression de la caisse de Poissy [1], fut enregistré. Les quatre autres ne le furent qu'en vertu d'un de ces actes d'autorité connus sous le nom de lit de justice, et qui étaient peu d'accord avec le caractère du roi. Aussi, en présence de ce refus du parlement, le conseil des ministres, présidé par le roi, fut-il orageux. Turgot se trouva d'abord seul de son avis. Il eut surtout à combattre le garde des sceaux, Hue de

1. On sait que le marché de Poissy est particulièrement affecté à la vente du gros bétail et des moutons destinés à l'alimentation de Paris. La caisse de Poissy avait été établie pour payer comptant aux marchands forains le montant de leurs ventes aux bouchers de Paris. Elle constituait, pour la corporation de ces derniers et pour les capitalistes, un privilége d'autant plus considérable qu'ils n'avaient pas de concurrence à redouter; mais les bouchers et les capitalistes avaient à payer des droits au Trésor.

Miroménil, ancien président du parlement de
Rouen, ayant tous les préjugés et toutes les
prétentions de la haute magistrature, et poussé
d'ailleurs à l'opposition par Maurepas. Il fut
soutenu dans cette mauvaise cause par Sartine
et Vergennes, dont les raisons ne valaient pas
mieux que celles du garde des sceaux, qui ne
valaient rien, et dont Turgot fit voir aisément la
vanité. Le roi s'étant prononcé en conséquence,
Maurepas, quoique hostile à Turgot, dit qu'il
fallait se ranger à l'avis du roi. Ce fut le dernier triomphe de Turgot. Le parlement fut donc
convoqué à Versailles le 12 mars 1776. Le garde
des sceaux exposa au nom du roi les motifs des
édits. Le président d'Aligre, et l'avocat du roi,
Séguier, répondirent en cherchant à prouver que
ces nouvelles mesures étaient désastreuses, qu'elles étaient le renversement de l'œuvre des plus
grands rois et des ministres les plus éminents,
d'Henri IV et de Louis XIV, de Sully et de

Colbert. Séguier, dans l'emportement de sa dé-
clamation, voyait dans « la réforme de l'organisation de l'industrie et du commerce la nécessité de reconstruire, dans toutes ses parties, la
constitution politique elle-même. » Mais ce qu'il
y eut de sérieusement bouffon dans ces remon-
trances, fut de prétendre que le peuple pourrait
bien se révolter si on le privait de la corvée, si
on le déchargeait de l'impôt des maîtrises! Voltaire, apprenant ce trait, fut si loin de voir dans
les édits une aggravation de charges pour le
peuple qu'il appela le lit de justice qui en avait
forcé l'enregistrement, un « lit de bienfaisance,
un lit d'éloquence digne d'un bon roi. » Cette
éloquence, celle qui motiverait la mesure, était
celle de Turgot, celle qui avait convaincu le
roi, qui l'avait fait sourire de pitié en entendant
les sophismes déclamatoires ou ridicules et ab-
surdes des Séguier et des d'Aligre, celle enfin
qui lui arracha à l'issue de la séance le mot

resté célèbre : « Je le vois bien, il n'y a que M. Turgot et moi qui aimions le peuple. » C'était, en un mot, l'éloquence du bon sens et de la vérité, celle de l'honnêteté et de la justice. Deux mois après, cependant, Turgot n'était plus ministre. Que s'était-il passé? On va le voir.

La cabale qui avait organisé la guerre des farines, le parlement qui en était l'âme, avaient été battus, mais non terrassés. L'agitation fut de nouveau fomentée dans quelques provinces. Le peuple menaça de ne plus payer les redevances féodales. Le parlement y trouva une occasion de se montrer sous ses dehors de justice, et de déclarer dans son arrêt que « quelques esprits ayant altéré par des opinions systématiques les principes anciens et immuables qui doivent servir de règle à la conduite des peuples, il en était résulté, en divers lieux, des commencements de troubles contraires à l'autorité du roi et aux droits de propriété des seigneurs. » L'allusion ne pouvait être plus transparente. C'est alors que parut la brochure manuscrite de Monsieur, frère du roi, dont nous avons déjà parlé, *Le singe de M. de Maurepas,* et qui, suivant une lettre de Voltaire à M. de Chabanon, fut largement distribuée dans Paris, cette « grande basse-cour composée de coqs-d'Inde qui font la roue et de perroquets qui répètent des paroles sans les entendre. » C'était un encouragement donné par la cour au parlement, ou plutôt un concert à renforcer. Le parlement n'y manqua pas; il condamna le livre qu'un économiste, Lanjuinais, venait de publier, *Le parfait monarque,* livre qui était dans le même esprit que celui de Boncerf sur les droits féodaux. Dans son réquisitoire, l'avocat général Séguier traitait le système de Quesnay et des autres économistes de « doctrine meurtrière, produit de l'effervescence que l'amour de la liberté indéfinie, dont toutes les nations sont tourmentées, a fait naître dans tous les cœurs ; » les propagateurs de cette doctrine étaient présentés comme des « séditieux, des prédicants insensés et furieux, qui osaient se promettre de détruire tous les gouvernements, sous prétexte de les réformer. » Turgot, cette fois, se sentit blessé ; il écrivit à Séguier et se plaignit au roi. Le parlement prit fait et cause pour l'avocat général, et le roi se laissa endoctriner par Maurepas, qui commença par contrecarrer Malesherbes, seul attaché à Turgot, mais si ennuyé et si fatigué des affaires qu'il fut aisément porté à les quitter. Sa démission, acceptée avec empressement, affaiblissait, ébranlait le contrôleur général, qui devait bientôt tomber. A quoi bon, du reste, se tourmenter si fort en pure perte ! Malesherbes était sans illusion sur le résultat des grandes tentatives de son ami : « Les peines que prend Turgot, disait-il, les épargnes qu'il effectue ne tourneront pas au profit du

peuple; il n'y a pas de remède possible au gas-
pillage. » En effet, ceux qu'engraissaient les priviléges et les faveurs avaient juré la perte de
Turgot. On vient de voir quelle guerre ouverte
était faite à sa doctrine, quelles résistances
étaient opposées à ses réformes, quels embarras suscités à son administration. Mais l'honnête homme restait encore debout. Il pouvait,
tout en baissant comme spéculateur dans la
confiance du roi, conserver encore son estime
et son affection en qualité d'homme. Il fallait
donc aussi le ruiner à ce point de vue dans l'esprit et le cœur du roi, afin de mettre « un terme
aux débordements économiques. »

L'économie, c'était, en effet, le crime irrémis-
sible aux yeux de la mendicité dorée, des privilégiés de tous ordres, des usuriers et des traitants,
en un mot de toutes les sangsues de l'Etat. La
calomnie avait osé beaucoup déjà; elle tentera
davantage, et, cette fois, avec le succès désiré

Un courtisan des plus corrompus, aussi fécond que peu scrupuleux en matière d'intrigues, le jeune marquis de Pezay, qui avait donné quelques leçons de tactique militaire au roi, encore dauphin, avait eu l'idée, pour se maintenir en cour et se donner quelque importance, d'entamer et d'entretenir une correspondance secrète avec le roi. Il trouva le moyen de lui persuader que le contrôleur général avait à Vienne un correspondant, un ami, avec lequel il se gênait peu sur le compte d'augustes personnages, en particulier de la reine.

Le stratagème réussit[1]. Turgot fut renvoyé, à la grande satisfaction de tous ses ennemis, au grand désespoir de tous ceux qui avaient fondé sur son ministère de si nobles et de si justes espérances. On raconte que Marmontel, qui était

1. Voir, pour plus amples détails sur ce mystère d'iniquités, notre ouvrage sur *Turgot*, p. 56-66.

à Versailles le jour de la disgrâce de Turgot, et qui observait dans un morne silence la joie tumultueuse des courtisans, des financiers et de tous ceux dont l'avidité, les prétentions ou les spéculations malhonnêtes trouvaient un frein ou une répression dans les principes et l'honnêteté du contrôleur général, répondit à quelqu'un qui lui demandait le sujet de son air attristé au milieu de la jubilation commune : « Je me représente d'après tout ce que je vois ici, l'image d'une troupe de brigands rassemblés dans la forêt de Bondy, à qui l'on vient d'annoncer que le grand prévôt est renvoyé. » Voltaire n'en fut pas moins consterné : « Ah ! quelle funeste nouvelle j'apprends ! » écrivait-il. « Que deviendrons-nous ?... Je suis atterré !... Nous ne nous consolerons jamais d'avoir vu naître et périr l'âge d'or !... Ce coup de foudre m'est tombé sur la cervelle et sur le cœur. »

Louis XVI avait perdu dans Malesherbes et Turgot des serviteurs dévoués, dignes de lui. Il eut le malheur de ne pas les comprendre et le tort de ne pas les soutenir. Mais cette erreur et cette faiblesse ne sont que trop concevables avec les dispositions intellectuelles et morales du roi et dans les circonstances où il se trouvait placé. Il reconnut, mais trop tard, hélas! que sa religion avait été surprise. Si Turgot eût vécu, nul doute que, comme celui de Malesherbes, son dévoûment n'eût été acquis au péril de sa vie à l'infortuné monarque, dont il avait pressenti la triste fin. Mais quelle eût été la sienne dans cette affreuse tourmente? C'est une des questions que se pose son ami Morellet en déplorant sa chute et sa mort précoce : « Je me suis demandé souvent, dit le bon abbé, quelles eussent été, dans nos désastres, les idées et la conduite de cet homme incapable de faiblesse et de dissimulation, et dont les intentions étaient toujours droites et les vues profondes et justes. Eût-il exercé quelque influence sur l'état des affaires et sur les conseil du roi? Eût-il été dans les mouvements populaires le *Si forte virum quem conspexere silent?* N'eût-il pas été emprisonné, égorgé, comme M. de Malesherbes, son ami? Aurait-il quitté la France? Dieu, en le retirant sitôt de la vie, a voulu peut-être récompenser ses vertus. »

CHAPITRE VI

DISGRACE DE TURGOT. — SA RETRAITE. — SON PORTRAIT.

Il est impossible d'admettre que Turgot n'ait
pu pressentir sa chute, surtout depuis la retraite
un peu forcée de Malesherbes. Il connaissait le
roi, sa faiblesse aussi bien que sa bonté. En arrivant au pouvoir, il fait entendre on ne peut
plus clairement au roi lui-même qu'il craint d'en
être mal soutenu, et peut-être sacrifié. Des critiques ont même trouvé qu'un pareil langage,
qui serait bien étrange, en effet, dans la bouche
d'un courtisan, n'était pas fait pour se concilier
la bienveillance du roi, et que de ce moment-là
même Turgot eût pu être remercié de ses services. Mais ces critiques confondent une honnête

franchise avec le manque de respect, et sans doute aussi le respect avec la dissimulation et la flatterie. Ils veulent qu'un ministre soit nécessairement courtisan, en même temps qu'ils oublient que Turgot ne l'était pas. Il lui suffisait d'apporter dans sa personne au service du roi la bonne volonté et le dévouement d'une bonne conscience.

Son langage, en quittant les affaires, ne pouvait être moins digne que celui qu'il tint en y entrant ; mais il est empreint d'une sorte de commisération respectueuse qui tient d'une clairvoyance tristement prophétique : « Tout mon désir, sire, est que vous puissiez toujours croire que j'avais mal vu et que je vous montrais des dangers chimériques. Je souhaite que le temps ne me justifie pas, et que votre règne soit aussi heureux, aussi tranquille, et pour vous et pour vos peuples, qu'ils se le sont promis d'après vos principes de justice et de bienfaisance. »

Son amour du bien public n'avait pas attendu
son avénement aux affaires; il le suivit dans
la retraite. Il demanda, dans un mémoire *ex
professo*, que la science et ceux qui la cultivent,
les expéditions scientifiques par conséquent,
fussent respectés entre puissances belligérantes.
Ce vœu fut entendu. La guerre entre l'Angleterre et les Etats-Unis, la manière dont l'Espa-
gne et la France devaient envisager les suites
de cette guerre et la conduite qu'elles avaient à
tenir en conséquence, l'organisation de l'ar-
mée, les économies à faire au département de
la guerre sans préjudice aucun pour nos forces
de terre et de mer, et même avec plusieurs
avantages, la théorie générale des impôts, un
vaste plan de l'organisation administrative de
la France, toutes choses qui avaient déjà beaucoup occupé Turgot pendant son ministère, furent encore l'objet de ses méditations dans sa
retraite; mais il en reste peu de chose. Nous

aurons tout à l'heure à parler d'autres travaux dont l'exécution a été ou achevée ou plus avancée, et qui, en tout cas, nous sont parvenus en meilleur état. Avant de passer à cette dernière partie de notre opuscule, les écrits de Turgot, nous reproduirons le portrait que son ami Dupont de Nemours a laissé de la personne de l'auteur :

« Sa figure était belle ; sa taille haute et proportionnée. Ennemi de toute affectation, il ne se tenait pas fort droit. Ses yeux d'un brun clair exprimaient parfaitement le mélange de fermeté et de douceur qui faisait son caractère. Son front était arrondi, élevé, ouvert, noble et serein ; ses traits prononcés ; sa bouche vermeille et naïve ; ses dents blanches et bien rangées. Il avait eu, surtout dans sa jeunesse, un demi sourire qui lui a fait tort, parce que les gens qui ne le connaissaient pas y croyaient presque toujours voir l'expression du dédain, quoiqu'il ne fût le plus souvent que l'effet de la naïveté et d'un peu d'embarras. Il s'en était corrigé par degrés en vivant dans le monde. Ses cheveux étaient bruns, abondants, parfaitement beaux ; il les avait tous conservés, et lorsqu'il était vêtu en magistrat, sa manière de porter la tête les répandaient sur les épaules avec une sorte de grâce naturelle et négligée. Il avait la couleur assez vive sur un teint fort blanc, et qui trahissait les moindres mouvements de son âme. Jamais homme n'a été, au physique et au moral, moins propre à dissimuler. Il rougissait avec une facilité trop grande et de toute espèce d'émotion, soit d'impatience ou de sensibilité. »

Un autre ami de Turgot, l'un de ses premiers biographes, Condorcet, en fait cette peinture morale : « Le constant accord entre sa conduite et ses principes, ses sentiments et sa raison, la réunion d'une justice inébranlable à la plus douce humanité, des vertus les plus fortes aux qualités les plus aimables, de la sensibilité à la fermeté du caractère, de la justesse d'esprit à la subtilité, de la méthode dans les raisonnements à la hardiesse dans les idées, d'une analyse fine à des vues vastes, de la profondeur à l'exactitude dans les détails ; le mérite si rare d'avoir tout embrassé dans ses connaissances, et le mérite plus rare encore d'avoir porté dans ce vaste ensemble tant de netteté et de justesse ; la constance inébranlable dans ses opinions, sans les exagérer jamais : toutes ces qualités formaient un ensemble unique peut-être dans l'histoire des hommes, et qui ne pouvait se montrer que chez une nation paisible et cultivée que dans un siècle éclairé. Quelques hommes ont exercé de grandes vertus avec plus d'éclat, ont eu des qualités plus brillantes, ont montré dans quelque genre un plus grand génie, mais peut-être jamais aucun homme n'a-t-il offert

à l'admiration un tout plus parfait et plus imposant. Il semblait que sa sagesse et sa force
d'âme, en secondant les dons heureux de la nature, ne lui avaient laissé d'ignorance, de faiblesse et de défaut, que ce qu'il est impossible
à un être borné de n'en pas conserver. C'est
dans cette réunion si extraordinaire que l'on
doit chercher la cause et du peu de justice qu'on
lui a rendu, et de la haine qu'il a excitée. » La
postérité, plus équitable, lui a depuis longtemps déjà rendu le témoignage d'avoir agi
et pensé en homme de bien et de génie [1].

Et cependant, cet homme illustre « qui, plus
que tout autre homme d'Etat dans le monde entier, voua sa vie au triomphe de la liberté du travail, et qui par là s'est créé des titres impéris-
sables à la reconnaissance, non pas de la France
seulement, mais du genre humain; ce ministre

1. Voir notre ouvrage cité, pp. 56 66. 225-238.

digne d'être signalé comme un modèle à tous ceux qui dirigent ou manient les affaires des nations, n'a pas encore une statue sur nos places publiques, même dans la province du Limousin, où il a répandu tant de bienfaits [1]! »

1. Voir M. MICHEL CHEVALIER, discours cité, p. 3.

CHAPITRE VII

OUVRAGES DE TURGOT.

On sait déjà qu'il n'est presque aucune des nombreuses parties du savoir humain qui fût étrangère à cet excellent esprit, et qu'il en avait approfondi un grand nombre. Nous essayerons de donner une idée de ses travaux littéraires, scientifiques, économiques et philosophiques dans les paragraphes suivants.

§ Ier.

PHILOLOGIE, LITTÉRATURE, CRITIQUE.

Turgot était versé dans un grand nombre de langues, tant anciennes que modernes. Il en parlait même plusieurs avec une facilité peu commune, surtout le latin et l'anglais. Le dix-huitième siècle n'était cependant plus celui de la philologie ; et si l'on s'occupait parfois de linguistique, ce n'était pas encore d'une manière expérimentale et par voie d'induction. On procédait davantage *a priori* en partant de ce qu'on prenait pour les lois de l'esprit humain en matière de langage. Turgot peut être regardé comme l'un de ceux qui ont préparé les voies à la linguistique moderne. Possédant l'hébreu, le grec, le latin, l'allemand, l'anglais, l'italien, l'espagnol, indépendamment de sa propre langue, il avait là de nombreux termes de comparaison.

Nous ne parlerons pas des traductions qu'il a laissées, de morceaux plus ou moins considérables d'auteurs anciens et de modernes ; c'est là un travail que peut faire quiconque possède une langue étrangère. Toutefois, persuadé qu'il était que la poésie ne peut être rendue que par la poésie, et reconnaissant l'extrême difficulté de satisfaire en même temps à la rime, aux autres exigences de notre poétique et à la fidélité de la pensée et du sentiment de l'auteur original, il voulait que la traduction d'un poëte en français fût au moins en vers blancs, en prose mesurée, rhythmée, sinon rimée. Il donna lui-même l'exemple de cette manière de traduire et d'écrire. Mais il faut convenir que ce genre, dont au surplus il ne fut pas l'inventeur, n'eut qu'un médiocre succès. Peut-être même était-il difficile qu'il en fût autrement. Il y a pourtant là un fond de vérité incontestable; seulement il pourrait bien se réduire à ces deux choses : l'expression poétique et l'harmonie mécanique du style. On obtient ainsi ce qu'on appelle la prose poétique, qui est d'ailleurs une manière d'écrire qui ne convient pas à tous les sujets, mais qui est très-appropriée à la traduction en prose d'écrits poétiques.

Le morceau de philologie le plus remarquable qui soit sorti de la plume de Turgot, est l'article *Etymologie,* qui fut inséré dans l'Encyclopédie. On sait que jusque là les origines des mots se conjecturaient plutôt qu'elles ne se découvraient méthodiquement; il n'y avait à cet égard ni règles ni art. Si ce que M. Littré a écrit sur ce sujet dans la préface de son admirable dictionnaire est plus simple, d'une application plus aisée et plus sûre, il n'est guère cependant que comme un résumé du vaste et profond travail de Turgot.

§ II.

LES SCIENCES.

Les mathématiques, l'astronomie, la physique, la chimie, l'histoire naturelle en général, la géologie en particulier, avaient beaucoup occupé Turgot. Mais un point qui l'intéressait particulièrement en tout cela, surtout en mathématiques, était la méthode. Il trouvait qu'il y avait là beaucoup à faire encore. On sait que cette question a partagé, presque de nos jours, deux grands géomètres, Poisson et Poinsot. Auguste Comte, lui aussi, est loin de penser que tout soit dit sur ce sujet, puisqu'il y aurait encore, suivant lui, plus d'une fonction arithmétique à découvrir.

Les sciences ne l'occupaient pas seulement au point de vue purement spéculatif; il joignait la pratique ou l'application à la théorie. C'est ainsi qu'il fut le premier à observer et à signaler aux astronomes de profession la comète de 1760. Nous avons vu qu'il avait ses idées pratiques sur l'unité du système des poids et mesures, unité qui aurait été déterminée sur la longueur du pendule à secondes, prise au 45e degré de latitude nord sur le méridien de Paris. Une

commission savante fut même nommée, avec
des instructions spéciales qui prouvent des connaissances précises sur la matière, pour exécuter ce grand projet. Mais il fallait pour cela des
instruments nouveaux ou de plus parfaits. En
attendant, le ministre tomba du pouvoir, et la
mission scientifique qu'il avait conçue fut abandonnée. Elle ne devait être reprise, trente ans
plus tard, sous une forme analogue, mais peut-
être moins heureuse, que par l'initiative de
Prieur, de la Côte-d'Or, et d'après des mémoi-
res qu'il avait rédigés sur ce sujet.		·

L'article *Expansibilité,* publié dans l'Encyclopédie, donne une idée de la méthode de Bacon
appliquée par l'auteur à une question de physique, et de ce qu'il eût pu faire dans cette bran-
che des connaissances s'il s'y fût appliqué d'une
manière suivie : il était visiblement sur la voie
de la découverte de la grande application de la
vapeur à la mécanique et à l'industrie.

Comme partisan de la méthode expérimentale dans les sciences naturelles, et plein de la
grande idée de Newton sur la mécanique cé-
leste, il fit un examen critique de l'esquisse des
Epoques de la nature, de Buffon, qui n'avaient
pas encore paru. Cette magnifique conception
n'eût vraisemblablement rien perdu en exactitude scientifique, si les objections de Turgot
avaient trouvé plus d'accès dans l'esprit de l'illustre naturaliste [1].

§ III.

ÉCONOMIE POLITIQUE.

Turgot avait à peine vingt et un ans et était
encore au séminaire, que déjà il s'occupait d'é-
conomie politique ; on le sait par une lettre qu'il
écrivait à un jeune ecclésiastique de ses amis,

1. Voir, pour les détails, l'ouvrage cité, p. 267-273.

futur évêque d'Auxerre, l'abbé de Cicé. Il y attaque le système de Law et réfute l'abbé Terrasson qui s'en était fait le défenseur. Ainsi qu'il devait toujours faire par la suite, déjà il agrandit la question et la traite au point de vue général du papier-monnaie et de la valeur fiduciaire qu'il peut avoir.

Parmi les questions économiques qu'a traitées Turgot, il en est qui intéressent plus particulièrement le droit et la morale ; nous en parlerons plus loin. Il s'agit pour le moment des écrits dont le caractère est plus spécialement économique. Tels sont la *Question sur la Chine*, les *Réflexions sur la formation et la distribution des richesses*, les *Valeurs des monnaies*, les *Foires et marchés*, l'*Eloge de Gournay*, l'*Impôt*, la *Grande et la petite culture*, la *Liberté du commerce des grains*, la *Marque des fers*.

I. Turgot était de ceux qui ne dédaignent aucune source d'instruction, qui la cherchent partout, et qui la prennent où ils la trouvent. Il en savait assez déjà sur la Chine pour penser qu'en la connaissant mieux encore, il pourrait en recueillir quelque avantage pour son pays au point de vue économique. Il demande en conséquence des renseignements sur plus de cinquante points, qu'il classe sous quatre chefs ; et pour faciliter aux deux jeunes Chinois qui étaient venus visiter la France, la réponse aux questions qu'il leur adressait, pour les mettre mieux en état d'en comprendre l'esprit et la portée, et par conséquent d'y répondre avec intelligence, il rédigea à leur intention le petit traité d'économie politique intitulé : *Réflexions* etc.

11. Cet ouvrage élémentaire, si clair, si plein et en général si vrai, est un chef-d'œuvre. C'est comme le catéchisme de l'Economique, le premier ouvrage populaire du genre. Turgot, n'eût-il écrit que ce petit livre, eût bien mérité de

7

la science et de la civilisation. Ceux qui savent combien les ouvrages de ce genre sont difficiles à faire, alors surtout qu'une science est encore à son début, peuvent seuls en apprécier le mérite. La publication de cet opuscule précéda de dix ans celle de la *Richesse des nations* d'Adam Smith. Smith, il est vrai, avait longtemps professé l'économie politique avant de publier cet ouvrage, avant même de venir en France, et d'avoir eu l'occasion d'y rencontrer Quesnay et Turgot, avant, par conséquent, de connaître leurs doctrines; mais il resterait toujours à savoir si, dans leurs conversations scientifiques, il ne profita pas autant pour le moins de leurs connaissances qu'ils purent profiter des siennes. Ce qu'il y a de certain, c'est la priorité du livre de Turgot sur celui de Smith, et les rapports de ces deux économistes à Paris en 1775, c'est-à-dire un an avant la publication des *Réflexions,* dix ans avant celle de la *Richesse.*

M. E. Daire, dans l'excellente notice qu'il a mise en tête de l'édition in-8° des œuvres de Turgot, résume ainsi ce petit traité : « La nécessité de l'échange, celle de la division du travail et de ses effets, la naissance et la formation du commerce, la classification de ses différents agents, l'origine et la nature de la monnaie, les causes qui ont fait consacrer les métaux précieux à cet usage, la révolution produite par l'introduction de l'or et de l'argent dans le commerce, la notion de la valeur en usage et de la valeur en échange, celle du capital et de ses divers modes d'emploi, le partage nécessaire des deux classes laborieuses en chefs capitalistes et en simples travailleurs, la légitimité de l'intérêt de l'argent, l'impuissance de la loi humaine pour en fixer le taux, les lois économiques qui le déterminent, et, enfin, l'analyse de tous les éléments de la richesse nationale : voilà les thèmes divers que la plume de Turgot a su relier avec un art admirable, pour en faire un ensemble scientifique auquel la précision la plus lumineuse sert de cachet. Jamais plus d'idées justes sur pareilles matières ne furent contenues en moins de pages. »

Pourquoi un livre élémentaire si lucide, si instructif, si utile, n'est-il pas répandu dans toutes nos écoles normales primaires comme un des meilleurs manuels d'économie politique que nous ayons jusqu'ici? S'il a le tort, — et c'est peut-être le seul à lui reprocher, — de partager l'erreur des physiocrates, qui ne voyaient de source de richesses que dans l'industrie agricole, erreur qui conduit à cette autre que l'impôt ne peut porter que sur le produit net qui provient de ce genre d'industrie, sur la rente, et ne doit par conséquent être assis que sur la propriété foncière ; cette erreur et ce tort sont faciles à reconnaître et à signaler.

Il est cependant juste de dire que Turgot

était moins exclusif en cela que les physiocrates, qu'il se rapproche de Gournay et de
Smith qui a si bien démontré la participation
des industries manufacturière et commerciale
à la formation des richesses. Il serait néanmoins difficile de nier toute influence de ce
point de la doctrine de Turgot sur nos lois
ultérieures de finances; mais peut-être aussi
y aurait-il une injuste exagération à dire,
avec Blanqui, que Turgot « voulut faire supporter à la propriété foncière, comme source
unique de richesses, tout le poids des impôts, et que cette erreur, partagée depuis par
l'Assemblée constituante, a précipité la France
dans un abîme de maux, en la privant pendant
plusieurs années des ressources immenses
qu'elle aurait trouvées dans les impôts indi-
rects, dont le principe repose sur la production
de la richesse immobilière comme l'impôt foncier sur la production de la richesse agricole. »

Jamais Turgot ne fut aussi absolu en ce point ; c'était sa tendance, il est vrai ; mais sa pratique fut à cet égard, comme à tous autres, pleine de ménagements.

III. Les économistes ont eu quelque peine à s'entendre sur la signification qu'ils devaient attacher au mot *valeur*. Ce qu'il y a de clair d'abord, c'est qu'en considérant les choses en elles-mêmes, on ne peut dire qu'elles ont une valeur ou qu'elles n'en ont pas. En les envisageant dans leurs rapports entre elles seules, elles peuvent avoir telles ou telles propriétés, mais elles n'ont point de valeur encore. Ce n'est qu'autant qu'on les met en rapport avec nous et qu'on leur trouve quelque utilité, quelque propriété de satisfaire un besoin ou un autre, qu'elles peuvent avoir de la valeur. Ce qui faisait dire à l'abbé Galiani que l'homme est la commune mesure de toutes les valeurs. Tout en acceptant cette manière de concevoir la valeur, Turgot la

détermine en distinguant une valeur *estimative*
des choses (leur valeur respective *d'usage*) et
une valeur *appréciative* (leur valeur respective
d'échange). Il est évident que la seconde est subordonnée, pour tout contractant, à la première,
alors même qu'on n'achèterait que pour reven-
dre ou qu'on n'échangerait que pour échanger
encore : une chose aura d'autant plus de valeur
commerciale ou d'échange, qu'elle sera plus re-
cherchée par les usagers ou les consommateurs.

La monnaie étant un moyen d'échange, une
sorte de mesure commune de toutes les valeurs
doit avoir elle-même une certaine valeur rela-
tivement moins variable que celle des choses
dont elle sert à déterminer la valeur. La monnaie est, en conséquence, comparée par Turgot à
une langue commune en laquelle toutes les autres seraient traduites et viendraient se rappro-
cher et se faire comprendre. Mais comme la
monnaie n'est pas faite d'un seul métal, il y a

lieu de comparer entre eux les divers métaux
plus ou moins précieux dont elle se compose, et
d'en déterminer la valeur respective, pour avoir
l'estimation d'une chose par rapport à toute espèce de monnaie, dans un seul pays d'abord, et
dans des pays divers, dont les monnaies peuvent différer d'un pays à un autre. Il y a là
toute une série de comparaisons, de traductions
ou de transformations que Turgot ne manque
pas de suivre. C'est un travail d'analyse qui le
conduit en outre à distinguer dans les choses
une valeur *moyenne* ou par rapport à la plupart
des acheteurs, et une valeur *propre* ou relative
à tel acheteur plutôt qu'à tel autre. Il distingue
également la valeur et le prix des choses, et fait
voir le rapport qui relie entre elles ces deux
notions : le prix est l'énonciation *(expression)*
de la valeur. Du reste, cet article, destiné au
Dictionnaire du commerce de l'abbé Morellet, n'a
pas été achevé.

IV. L'article *Foires et marchés* fut inséré dans l'Encyclopédie, qui devait en recevoir plusieurs autres du même genre. Mais ces articles ou ne furent pas faits ou ne furent pas insérés, à cause des entraves apportées par le gouvernement à cette entreprise scientifique et philosophique. Nous parlerons, sous une rubrique plus convenable, celle du *Droit naturel,* de l'article *Fondation*. Nous dirons seulement, à propos de l'article *Foires et marchés*, qu'après avoir donné la synonymie de ces deux mots, l'auteur fait l'historique des deux choses, et envisage les unes et les autres au point de vue des avantages industriels et commerciaux, comme à ceux de la consommation. C'était aussi une occasion de revenir sur la question de la liberté du commerce.

V. En louant M. de Gournay, Turgot ne pouvait manquer de parler de ses travaux administratifs, de ses principes en Economique, de ceux-là surtout qu'il partageait, celui de la liberté du travail, par exemple. En considérant cette liberté par rapport au producteur, au consommateur et à la chose publique, il est naturellement conduit à faire ressortir ce qu'il y a de vicieux dans la réglementation excessive à laquelle était encore soumis le travail industriel.

VI. Mais un point administratif et économique du plus haut intérêt est celui de l'impôt. Comment l'asseoir et sur quoi? Comment le répartir? Quelle en doit être la mesure? Quelle la destination? Comment et par qui doit-il être perçu? Ces questions, et une multitude d'autres qui tiennent à celle-là, étaient faites pour appeler toute l'attention d'un publiciste et d'un économiste spéculatif et pratique. Il distingue fort bien d'ailleurs ce qui est désirable et ce qui est possible : la question de droit, d'équité et la question d'opportunité. Il est donc bien moins absolu ou systématique, bien plus accommodant

que ses adversaires ne le disaient. Il faut noter
en outre que cette modération est d'autant plus
remarquable qu'il n'avait pas encore affaire per-
sonnellement aux résistances intéressées qu'il
devait rencontrer plus tard ; qu'il donne un simple avis qui lui était demandé par le contrôleur
général Bertin ; qu'il n'est par conséquent pas
obligé de prévoir toutes les difficultés et d'en
tenir compte. Il le fait cependant. On retrouve
naturellement dans ce travail l'erreur déjà si-
gnalée de l'impôt unique, l'impôt direct ou foncier, à l'exclusion de l'indirect ou de consommation. Une des raisons qui avaient le plus de
poids dans son esprit en faveur de l'impôt unique et foncier, est celle qu'on lit dans un frag-
ment de mémoire adressé à Franklin sur ce
grave sujet, une raison morale : la crainte de
fausser la conscience du peuple, d'obscurcir ses
idées en matière de juste et d'injuste par des
lois pénales pour des délits en matière de pure

fiscalité : « A la vue des peines et des supplices décernés pour des délits absolument étrangers aux devoirs primitifs de la société, dont la sanction est écrite, dans le cœur de tout homme honnête, pour des délits factices, pour des contraventions qui ne blessent que l'intérêt pécuniaire du fisc, l'humanité s'afflige et la politique doit craindre d'ébranler dans l'esprit du peuple les notions de la morale naturelle, d'affaiblir son respect et son amour pour les lois. »

On trouve dans un rapport sur un concours à la Société royale de Limoges, sur la question *De l'effet de l'impôt indirect sur les revenus des propriétaires de biens-fonds,* des idées analogues à celles qui sont exposées dans le mémoire sur l'impôt. Cette question de l'impôt a été, comme on voit, souvent traitée par notre publiciste. C'est dans ce dernier travail qu'il est conduit à comparer la progression de l'accroissement des subsistances par le travail avec la progression

possible du nombre croissant des consommateurs, et qu'il aboutit à des conclusions, spécu-
latives au moins, qui ressemblent fort à celles
d'un célèbre économiste anglais, à savoir que la
population, si elle est abandonnée à sa libre
tendance, ne peut tarder à produire la gêne, les
privations, la misère.

VII. Les considérations qui précèdent tou-
chent de trop près à la production, pour qu'elles
n'aboutissent pas par quelques points à la question de la grande et de la petite culture. Pour
lui, la grande culture est celle qui a lieu par des
entrepreneurs-fermiers, et la petite celle des
métayers. Si la première lui semble préférable,
il reconnaît qu'elle n'est pas toujours possible.
Il faut, pour la grande culture, un capital rou-
lant, un cheptel, des ustensiles, des avances,
des bâtiments. Un métayer peut avoir un petit
chez-lui, un outillage aratoire, et quelques piè-
ces de bétail. Le propriétaire qui n'aurait que

sa terre, ne pourrait la faire valoir, fût-il laboureur. S'il fournit en outre au métayer ce qu'il faut pour cultiver, il est alors entrepreneur ; et c'est sur lui que retomberont les pertes, si elles atteignent le nécessaire, puisque le fermier doit vivre et ne pourrait les supporter. Le fermier qui est lui-même entrepreneur, peut avoir de plus gros bénéfices que le simple métayer, mais il peut essuyer aussi de plus grandes pertes. Si le propriétaire veut faire supporter au fermier, métayer ou autre, l'impôt de sa terre, il peut arriver, surtout si l'impôt est considérable, que le fermier en soit accablé, qu'il lui soit même absolument impossible de le payer. Alors on a le paysan décrit par La Bruyère, et l'égoïsme du propriétaire se trouve atteint par la nécessité de payer l'impôt de sa terre ou de la laisser en friche. Voilà comment la force des choses a fini par corriger en partie un injuste privilége.

VIII. Turgot était encore à Limoges lorsque

les intendants furent consultés par l'abbé Terray, sur les moyens de remédier à la grande
disette qui affligeait alors (1770) la France, particulièrement les pays de montagne. Une certaine liberté dans le commerce des grains exis-
tait depuis 1764. Le contrôleur général, l'abbé
Terray, mal conseillé sans doute par la plupart
des intendants, en tout cas mal inspiré, et contrairement à l'avis de son correspondant du Limousin, ne trouva rien de mieux à faire qu'à
révoquer l'édit de 1764. Turgot lui avait cependant prouvé que les quatre intérêts engagés
dans la question, ceux du propriétaire, du cul-
tivateur, du consommateur et du commerçant,
n'ont qu'à gagner à la liberté ; que si cette liberté existe dans le pays entier, il se forme alors
dans tout ce pays un prix moyen, qui est l'expression vraie de la valeur de la denrée ; que si
cette liberté existe aussi d'un pays à un autre,
entre tous les pays, le prix moyen qui en ré-

sulte est aussi celui qui exprime le mieux la
valeur vénale du grain ; qu'à la vérité, on peut
alors payer le blé un peu plus cher dans les
pays où la récolte a été abondante, mais que
c'est aussi un avantage pour le producteur, sans
compter que dans les temps où la récolte sera
au-dessous de la moyenne, on payera moins
cher qu'on ne le ferait dans le système restrictif,
et qu'ainsi on sera dédommagé des légers sacri-
fices qu'on aura faits dans d'autres temps. Il n'y
a donc rien de mieux à faire, dans l'intérêt de
tous, qu'à laisser au commerce le soin d'établir
l'équilibre dans les approvisionnements et les
prix ; son intérêt, l'activité qu'il ne peut manquer de déployer partout où il y a quelque chose
à faire en ce sens, est un plus sûr garant que la
sollicitude des gouvernements. Les lettres de
Turgot à l'abbé Terray, qui n'avaient pas
convaincu celui-ci en 1770, convainquirent
Louis XVI en 1776, car elles lui furent en par-

tie communiquées. Malheureusement ces lettres
(2ᵉ, 3ᵉ et 4ᵉ) étaient les originaux qui étaient
jusque là restés entre les mains de leur auteur.
Elles ne lui furent point rendues, et n'ont pas
été retrouvées. On ne possède donc que le
surplus de cet ensemble de lettres, ce que
Turgot n'avait pas jugé nécessaire de communiquer au roi.

IX. Turgot avait aussi adressé au même abbé
Terray une lettre sur la *Marque des fers* (1773).
Cette marque était un moyen d'imposer un produit national, d'en favoriser les producteurs, en
imposant plus fortement encore les fers étrangers. C'était déjà, comme on voit, la question de
l'intérêt particulier des maîtres de forges en
présence de l'intérêt beaucoup plus grand des
consommateurs, du pays tout entier ; c'était, en
même temps, une question d'impôt, une matière à l'asseoir. Cette assiette fiscale avait été
imaginée par des financiers d'Henri IV (1608),

et appliquée par Richelieu (1626), et amplifiée de 1628 à 1680. L'industrie métallurgique ne fut affranchie qu'en 1789. Mais le système protecteur qui a régné de 1815 à 1835, remplaça la marque, avec cette différence que la marque profitait au Trésor, tandis que la protection profitait surtout aux maîtres de forges. Sur ce genre de commerce comme sur tous les autres, Turgot était pour la liberté, et cela dans l'intérêt bien entendu du Trésor comme dans celui du public. Point de privilége, car tout privilége se paye au petit nombre par le grand. Or, la marque, les droits protecteurs quelconques sont des priviléges, et les priviléges tendent au monopole, et le monopole est l'inverse de la liberté commerciale. Cette liberté est particulièrement nécessaire pour les fers, par la raison que « le fer est l'instrument indispensable à la pratique de tous les arts. »

Ce n'est là qu'une esquisse bien imparfaite

des services rendus par Turgot à l'économie politique. Rapprochée de celles qui vont suivre sur les ouvrages philosophiques du même auteur, elle suffira sans doute pour faire comprendre qu'il n'y a rien d'exagéré dans le jugement qu'en porte un de nos plus célèbres économistes, J.-B. Say, lorsqu'il dit : « Il n'est guère d'ouvrages qui puissent fournir au publiciste et à l'homme d'Etat une plus ample moisson de faits et d'instruction que les écrits de Turgot [1]. »

§ IV.

PHILOSOPHIE.

La philologie a sa philosophie, et nous savons déjà par la manière dont Turgot entendait la

[1]. Voir, pour les détails de la partie économique, notre ouvrage déjà cité, p. 387-452.

question de l'étymologie, quelle étendue d'esprit et quelle pénétration il savait apporter dans les questions de ce genre. On retrouve les mêmes mérites dans les *Remarques critiques* que lui avaient suggérées un travail de Maupertuis sur l'origine des langues et la signification des mots. Ces remarques nous donnent en outre une idée de ce qu'on pourrait appeler sa psychologie, sa théorie de la connaissance. Il admet avec Malebranche que nos sens nous servent moins à connaître l'essence des choses extérieures qu'à régler notre conduite dans l'intérêt de notre conservation. Il pense avec Descartes que nos perceptions n'ont rien de commun avec les qualités des choses perçues. Mais il nie l'idéalisme, ou plutôt le spiritualisme exclusif et absolu de Berkeley. Il croit à l'existence des corps comme à celle des esprits, se fondant en cela sur les deux ordres de phénomènes connus et sur la nécessité de deux espèces de causes substantielles. Il y a, dans cette affirmation des choses extérieures par les faits de conscience mêmes, par leurs lois, beaucoup de rapport avec la manière dont Kant réfute l'idéalisme de Berkeley.

Il pense avec raison que le peuple saisit admirablement les analogies entre les phénomènes corporels et les spirituels, et que ces analogies sont le plus souvent indiquées de la manière la plus heureuse par les métaphores du langage populaire ; que ce langage est par conséquent très-digne de l'attention du philosophe, qu'il peut lui fournir une multitude d'indications propres à le guider dans l'analyse de la pensée. Il ne pouvait donc manquer de reconnaître qu'il y a aussi dans les langues un travail logique dont l'étude est pleine d'intérêt. Il voit, dans cette « métaphysique expérimentale, l'histoire de l'esprit humain, du progrès de ses pensées, toujours proportionnées au besoin qui les fait naître. » La langue d'un peuple, présentée dans tous ses développements, devient ainsi l'image fidèle du mouvement progressif du peuple qui l'a parlée ; c'est une sorte de physiologie spirituelle dont la comparaison d'un peuple à un autre, d'une race à une autre, jetterait le plus grand jour sur la philosophie de l'histoire. Mais il faudrait, pour qu'un pareil travail fût possible, avoir l'histoire bien faite de chaque langue.

Plus les langues sont avancées, plus elles sont développées, comme les peuples qui les parlent, plus elles sont propres à rendre les pensées abstraites ; mais elles perdent en même temps de leur couleur et de leur force primitives. Aussi la même langue n'est point maniée de la même manière par l'homme du peuple et par l'homme instruit, par l'homme doué d'imagination et de sentiment et par celui qui a plus l'habitude de penser que de voir et de sentir ; le premier saura trouver encore dans une langue vieillie des comparaisons, des images, des métaphores dont le second n'aura pas besoin ; le langage abstrait, presque scientifique, suffira à celui-ci pour rendre jusqu'à des idées communes tandis que celui-là trouvera ou cherchera, pour rendre les mêmes idées, des expressions plus figurées, plus propres à convertir la pensée en image, à la concréter, à l'incorporer pour ainsi dire. Le langage du premier n'aura en quelque sorte que l'âme, que le souffle ; celui du second aura tout à la fois l'âme et le corps, et c'est par le corps que l'âme sera visible, tandis que dans l'autre manière de parler l'âme laisse à peine soupçonner le corps, qui n'est plus qu'une ombre, quand il est encore quelque chose.

Il est bien certain aussi que les langues se ressentent du genre de vie de ceux qui les parlent, et qu'elles restent incultes, pauvres, stationnaires comme eux, ou qu'au contraire elles se polissent, s'enrichissent et marchent avec ceux qui sont dans les conditions voulues pour se développer. On remarque encore dans la formation graduée des langues une marche toute semblable à celle de l'esprit humain : la première étape est celle qui s'attache aux choses du dehors ; la deuxième se prend davantage aux idées, comme états de l'âme, sans néanmoins perdre de vue leurs rapports avec les réalités extérieures ; une troisième étape donnera naissance à un ordre d'idées plus métaphysiques encore, celles du *moi* pur, celles de la substance dépouillée ou qui semble dépouillée de ses attributs, et ainsi de toutes les idées ontologiques. Tout ce parallélisme de la parole et de la pensée a été fort bien saisi par Turgot. Il a trèsbien vu encore que si les langues sont en un sens l'expression de la pensée, son effet, elles en sont, à d'autres égards, l'instrument, et par conséquent la condition, et jusqu'à un certain point la cause.

Des philosophes ont voulu voir dans le langage scientifique, suivant qu'il est bien ou mal fait, la raison de la différence entre les sciences, suivant qu'elles sont fermes dans leur marche, et certaines dans leurs fins, ou qu'au contraire elles semblent procéder à tâtons, sans suite, sans progrès assuré, sans résultat incontestablement acquis. Ces philosophes ont oublié de se demander pourquoi la langue est mieux faite dans un cas que dans l'autre, et si déjà cette différence dans l'instrument de la pensée ne tiendrait pas à une différence dans la pensée même, dans la nature des idées ici et là. Turgot ne tomba point dans cette erreur. Il reconnut, comme devait le faire plus tard et plus démonstrativement le philosophe de Kœnigsberg, que la différence du langage et des méthodes scientifiques, celle des résultats obtenus, tient à la nature des idées qui sont comme la matière des sciences diverses, suivant que les unes sont

mathématiques et que les autres ne le sont pas.
De là la différence entre les sciences exactes et
positives, les sciences mathématiques et physiques d'une part et les sciences philosophiques
d'autre part. Celles-ci, n'ayant pas la certi-
tude de celles-là, exigent par conséquent beaucoup de retenue dans le jugement : il faut donc,
comme le disait déjà Malebranche, savoir douter,
tout en travaillant sans relâche à l'extension
du champ des connaissances, sans se laisser re-
buter jamais par les difficultés, tant du moins
qu'elles ne sont pas démontrées invincibles,
quoiqu'elles n'aient pas encore été surmontées.
Tout ce qui arrive, en fait de connaissance ac-
quise, a été jusque-là dans le domaine de l'in-
connu. Ce qui nous est encore caché peut donc
nous être enfin révélé s'il est dans l'ordre des
choses possibles qu'il le soit, moyennant des
observations, des expérimentations, des combinaisons nouvelles d'idées. Or, tout cela consti-

tue la méthode. A moins donc qu'une question soit démonstrativement en dehors de toutes les prises possibles de l'esprit humain, la raison, la science peut l'aborder. Il faut donc que les savants soient entièrement libres dans le choix de leurs moyens, dans leurs hypothèses, dans leurs raisonnements; la politique et la religion n'ont rien à y voir. Turgot est si jaloux de la liberté en matière scientifique qu'il ne veut pas même pour la science de la protection soit de l'Eglise, soit de l'Etat, tant il craint l'asservissement de la pensée par des considérations dogmatiques ou utilitaires. La liberté donc, rien que la liberté, mais toute la liberté. Voilà ce qu'il faut à la science. Mais où cette liberté le conduira-t-elle lui-même dans les sciences de l'ordre pratique, l'éducation, la morale, le droit, la religion même ?

I

Dans sa correspondance avec Mme de Graffigny, Turgot blâme notre manière d'enseigner par des mots, par des idées abstraites, les choses mêmes qui peuvent s'apprendre par les sens, par l'expérience. Il voudrait que les langues mortes elles-mêmes s'apprissent par la pratique, par l'usage, au moins par des exemples, et que les règles abstraites des grammaires ne vinssent que plus tard. La morale aussi doit s'enseigner d'abord par les faits, et, autant que possible, par les sentiments plutôt que par les idées. « Ne dites pas à votre fils : Soyez vertueux, mais faites-lui trouver du plaisir à l'être. »

Il condamne avec pleine raison les exercices oratoires auxquels notre Université, héritière en cela de la fausse méthode des rhéteurs et des sophistes de l'antiquité, livre les adolescents de nos classes de rhétorique, sous prétexte de leur apprendre à écrire. Comme si pour écrire il ne fallait pas penser! Comme s'il n'y avait pas un danger sérieux pour l'esprit et pour le caractère à faire parler les jeunes gens dans le vide ou à faux! Comme si, en général, la jeunesse n'était pas portée d'elle-même à cette exubérance oratoire de mauvais goût qu'on appelle amplification! Comme si le point essentiel n'était pas précisément de lui faire plutôt trouver le thème à amplifier qu'à le lui donner longuement à délayer! Il semble que toutes les convenances et tous les besoins seraient satisfaits, si après avoir enseigné à la jeunesse à penser et à sentir, on lui faisait remarquer par l'analyse des grands modèles, comment ils savent rendre leur pensée et leur sentiment.

Il y a un autre genre d'exercice auquel l'Uni-

versité avait jusqu'à ces derniers temps tenu
beaucoup moins qu'à l'amplification oratoire :
c'est l'exercice des forces physiques, la gymnas-
tique.

Turgot y tenait, au contraire, beaucoup plus :
« Nous avons surtout oublié que c'est une partie de l'éducation de former le corps, et j'en
sais bien la raison ; elle tient à nos anciennes
mœurs, à notre ancien gouvernement... Ce
n'étaient pas des hommes qu'on voulait former, mais des prêtres et même des moines. »
Et résumant les principes qu'il voudrait voir
dans l'éducation en général, il dit : « Il faudrait, pour l'éducation que je demande, étudier
la nature et suivre à la piste le développement
d'un caractère. Mais les règles générales sont
plus commodes pour les sots et les pares-
seux. »

II

Turgot croyait au sens moral et à la facilité de l'éducation dans cet ordre d'idées. Mais il comprenait que c'est avant tout l'affaire des parents. Et, d'un autre côté, il voyait, à la manière dont se faisaient les mariages, et dont les femmes étaient élevées, combien l'éducation morale des enfants se trouvait compromise.

En ne considérant que les deux vertus sociales les plus simples, les plus nécessaires à la vie commune, celles qui sont comme la base de tout le reste, le respect du droit d'autrui, de sa liberté, et la juste réciprocité dans les actions, l'égalité, Turgot s'écriait : « Liberté!... je le dis en soupirant, les hommes ne sont peut-être pas dignes de toi! Egalité, ils te désireraient, mais ils ne peuvent t'atteindre! » Ce fut pourtant la tendance de toutes ses tentatives de réforme. Au fond, ce n'était que la justice qu'il voulait dans la société civile.

III

C'est encore au nom de la justice que nous le voyons résoudre un certain nombre de questions de droit et proclamer la liberté, la tolérance dans les matières religieuses.

Il s'agit d'abord du prêt à intérêt. On sait que théologiens et jurisconsultes, se fondant les uns et les autres sur un passage de saint Luc et sur Aristote, repoussaient le prêt à intérêt. C'est pitié de voir encore Domat et Pothier déraisonner à la suite des théologiens sur cette matière. Turgot fut le premier à traiter d'une manière vraiment rationnelle une question où l'on s'était toujours égaré complétement, où l'on avait tou-

jours confondu le côté moral et le côté juridi-
que de la question, et où le côté économique
surtout n'avait jamais été traité convenable-
ment. Turgot, théologien, jurisconsulte, philosophe, économiste, avait tout ce qu'il fallait pour
éclaircir ce qui avait été si fort embrouillé jusque-là ; il avait, en outre, la hardiesse nécessaire pour affronter des préjugés puissants, uni-
versellement répandus. Il osa les affronter, et
il en vint à bout. Les théologiens eux-mêmes
ont fini par se rendre. Les économistes étaient
des mieux préparés à comprendre un des leurs.
Quant aux jurisconsultes, qui n'étaient guère
en cela que les échos des théologiens, ou qui
n'avaient pour eux que la distinction, vaine ici,
entre le *mutuum* et le *commodatum,* ils furent
tout disposés à recevoir la nouvelle doctrine,
surtout lorsqu'ils virent les théologiens ébran-
lés. Le premier d'entre ceux-ci qui commença le
mouvement par un ouvrage anonyme, fut le

cardinal de La Luzerne. Il est douteux cependant qu'il ait connu la dissertation de Turgot. Plus érudit sur cette matière que celui-ci, il est moins profond, moins simple et moins net. Son ouvrage, qui ne fut du reste publié qu'après sa mort [1], est comme une transition de la doctrine suivant laquelle tout prêt à intérêt pour un temps limité était condamné comme usuraire et illicite, à la doctrine où tout prêt à intérêt, et non-seulement le prêt en matière commerciale, est considéré comme légitime, si d'ailleurs les contractants sont capables. Il est cependant vrai de dire que Turgot avait été précédé dans cette nouvelle voie par Calvin ; mais cet antécédent, s'il l'eût connu et qu'il s'en fût prévalu, n'aurait pas été de nature à faire accepter plus aisément sa doctrine.

1. *Dissertation sur le prêt de commerce.* 3 vol. in-8°. Dijon, 1823.

IV

Une question qui est peut-être plus difficile à résoudre que celle du prêt à intérêt, est celle de savoir à qui doivent appartenir les mines et carrières qui constituent le tréfonds d'une propriété privée : si c'est au propriétaire de la superficie, ou à l'Etat, ou à l'un et à l'autre et dans quelle proportion ; ou bien enfin à celui qui les aurait découvertes. C'est là une question d'intérêt public et d'intérêt privé tout à la fois. On conçoit que les lois romaines se soient prononcées en faveur de l'Etat contre les propriétaires privés, et que l'ancienne législation française ait été du même avis. Les jurisconsultes, tels que Domat et Pothier, étaient faibles ou nuls sur ce point. La question était donc neuve lorsque Turgot la traita. Il était facile à notre vieux droit de se mettre à la suite de la prétendue raison écrite des Romains, et à ceux-ci de décider en faveur de l'Etat, alors surtout que l'Etat fut devenu le prince, et que le Trésor public ne fut plus que le fisc impérial. C'était donc une question à reprendre et à revoir.

Tout en reconnaissant ici un droit naturel aux propriétaires, Turgot ne peut méconnaître qu'il y a là aussi un intérêt public plus ou moins considérable à envisager. Après plusieurs considérations qui ne nous semblent pas toutes d'une égale force, notre jurisconsulte conclut en faveur du système qui, en réservant aux propriétaires de la superficie la faculté exclusive de pratiquer des ouvertures dans leurs fonds, d'atteindre ainsi jusqu'au minerai et de l'exploiter, attribue aussi la propriété des matières minérales ou souterraines au premier occupant qui serait parvenu jusque-là par des galeries. Pour lui, le code des mines se réduit à quatre articles : 1° chacun a le droit d'ouvrir la terre dans son champ ; 2° personne n'a le droit d'ouvrir la terre dans le champ d'autrui sans son consentement ; 3° il est libre à toute personne de pousser des galeries sous le terrain d'autrui, pourvu qu'on prenne toutes les précautions nécessaires pour garantir les propriétaires de tout dommage ; 4° enfin, celui qui en usant de cette liberté a creusé sous son terrain ou sous celui d'autrui, est devenu, à titre de premier occupant, propriétaire des ouvrages qu'il a faits sous terre et des matières qu'il en a extraites, mais il n'a rien acquis de plus.

Il nous semble que cette théorie n'est complétement satisfaisante, ni au point de vue du droit privé, ni à celui du droit public : au premier, parce qu'elle limite arbitrairement la propriété privée dans le sens de la profondeur, contrairement au principe fort naturel que la propriété du dessus emporte celle du dessous ; au second, parce que, malgré ce principe, la

propriété privée ne profitant, en général, à celui
en faveur duquel elle est reconnue, que par
la superficie, par une profondeur indéterminée
celle que toutes les espèces de culture peuvent
utiliser, l'Etat reste naturellement propriétaire
éminent de la terre à une plus grande profondeur, alors surtout que par la nature de la composition de cette terre, il y a une source de richesse considérable. Il semblerait donc que
l'Etat, dans un intérêt public d'exploitation, de
bonne direction des travaux, pourrait au moins
user de son droit d'expropriation pour cause
d'utilité publique. Il pourrait, en tout cas, au
nom du même intérêt public, mettre en demeure
le propriétaire d'exploiter ou de faire exploiter
sa carrière ou sa mine de la manière la plus ré-
gulière, la plus profitable à la chose publique,
ou bien se substituer à sa place de propriétaire
moyennant indemnité. C'est un moyen terne de
ce genre qu'avait établi la loi française de 1791

sur la matière. Des lois étrangères, celles d'Angleterre, du Pérou, du Mexique, de la Nouvelle-Grenade, sont plus favorables aux propriétaires de la superficie ; elles se rapprochent davantage de l'opinion de Turgot, et cela sans préjudice pour la chose publique. Il suffirait peut-être de réglementer l'usage de cette espèce de propriété privée, tout en la consacrant d'une manière absolue, pour la sauvegarder suffisamment.

V

Une autre question où le bien public et l'équité se trouvent également engagés, est celle des *fondations à perpétuité*. Qu'est-ce qui est à l'abri des changements dans ce monde ? Les idées, les intérêts ne sont assurément pas du nombre des choses qui n'y sont point sujettes.

Mais alors que deviendront les *fondations à perpétuité?* Elles deviendront ce qu'elles seraient vraisemblablement devenues dans la pensée des fondateurs s'ils eussent vécu jusqu'à l'époque où les changements d'idées, de sentiments, d'intérêts, etc. sont survenus et ont succédé à un état de choses qui n'a plus sa raison d'être. C'est ce qui s'appelle s'attacher à l'esprit des institutions et y sacrifier la lettre. C'est le seul moyen de tout concilier, c'est-à-dire de maintenir les fondations si elles peuvent avoir une utilité analogue à celle qui les avaient inspirées, tout en leur donnant une destination nouvelle, d'accord avec les progrès de la civilisation. Cette solution est encore un des points où Turgot devient le précurseur de nos législateurs de 1789.

Souvent, d'ailleurs, il y a dans l'esprit des fondateurs plus d'ignorance, de vanité et d'égoïsme que de lumière et d'oubli de soi-même.

Il peut donc arriver que les dispositions qui les inspirent ne soient que très-peu respectables en elles-mêmes, et qu'un jour vienne où les erreurs et les vices qui les entachent se montrent tellement à découvert qu'elles soient manifestement contraires à l'esprit et au bien publics et qu'elles ne fussent plus autorisées si elles étaient à faire, ou qu'elles ne le fussent qu'à des conditions hien différentes de celles qui en avaient d'abord permis l'existence. Il est possible, par exemple, qu'une institution, estimée bienfaisante à l'époque de sa création, soit devenue, avec les années et le cours variable des événements et des mœurs, un établissement favorable à la paresse et à la démoralisation. On ne peut supposer que le fondateur en veuille le maintien, ou que, s'il le voulait, l'Etat n'eût le droit de lui dire : votre dessein ne peut recevoir d'exécution, et, si vous persistez, je serai obligé de m'opposer à votre entreprise ou d'en paralyser les effets.

VI

On voit combien Turgot était pénétré de respect pour la liberté individuelle, pour le vrai droit privé, qui n'oublie point ce qui est dû au droit public. Mais il veut que ce dernier droit soit ce qu'il doit être, c'est-à-dire protecteur et non oppresseur du droit privé. Il n'admet pas que le législateur ait la faculté de légiférer suivant son bon plaisir ; qu'il soit peuple ou prince, il est soumis dans ses actes à une loi supérieure qu'il n'a point faite, qui s'impose à lui comme règle, et qui le condamne s'il la méconnait. C'est ainsi, par exemple, que toute entrave inutile ou nuisible qui serait apportée par une loi au légitime exercice de la liberté, serait un acte de tyrannie et partant condamnable. C'est le cas, selon lui, de la loi de l'Etat de Pensylva-

nie qui exige le serment religieux pour entrer au
Corps législatif. Il reprend, au nom du même
principe, plusieurs autres vices des premières
constitutions américaines, au nombre desquels
il mettait la dualité des Chambres et la dénéga-
tion du droit électoral au clergé. Il voulait que
l'Etat ne vît dans les membres du clergé que des
citoyens ; ou du moins il n'entendait pas qu'ils
fussent privés d'aucun droit politique : « Là,
dit-il, où l'incompétence absolue du gouvernement sur la confiance des individus est établie,
l'ecclésiastique, au milieu de l'Assemblée nationale, n'est qu'un citoyen lorsqu'il y est admis ;
il redevient ecclésiastique lorsqu'on l'en ex-
clut. »

Ces quelques critiques des institutions de
l'Amérique anglaise ne l'empêchent point d'admirer ce peuple nouveau et d'en pressentir les
brillantes destinées ; il avait prévu son indépen-
dance à l'égard de la métropole et l'immense

avantage qui devait s'ensuivre : « Il est impossible, dit-il, de ne pas faire des vœux pour que ce peuple parvienne à toute la prospérité dont il est susceptible. Il est l'espérance du genre humain. Il en peut devenir le modèle. »

VII

On sait déjà que si Turgot inclinait au sensationisme de Locke et de Condillac, il n'était pas moins religieux que ces deux grands maîtres, et qu'il n'avait rien de commun avec les matérialistes du temps. Il en parlait même, comme on peut le voir par sa correspondance avec ses amis Caillard, Condorcet, Morellet, de manière à ne laisser aucun doute sur le mépris et le dégoût que lui inspiraient de pareilles doctrines.

Il suffit, au surplus, de lire son article *Existence* dans l'Encyclopédie, pour s'assurer qu'il y

avait dans l'esprit de l'auteur tout autre chose
qu'un empirisme exclusif. Cet article est un
morceau de métaphysique comme notre dix-huitième siècle français n'en offre peut-être pas un
second. C'est là encore qu'en réfutant l'idéalisme de Berkeley, il donne la main à Kant
sur ce point. Il ne partage pas, du reste, l'avis
de Descartes qui fait de l'étendue l'essence des
corps. Il n'admet pas davantage avec Leibniz
que l'étendue corporelle soit composée de mo-
nades. Il reste donc sans réponse à la question
de la nature essentielle, intime du corps : preuve
qu'il savait ignorer et qu'il était fidèle à sa maxime, plus fidèle même que Malebranche, à qui
il l'avait prise. Mais on peut douter et cependant incliner pour une solution plutôt que pour
une autre. Or, dans le cas présent, il semblerait donner la préférence à Leibniz : nouvelle
preuve qu'il était bien éloigné du matérialisme
contemporain.

VIII

Une des parties de la philosophie d'une exécution peut-être plus difficile encore que la métaphysique, à moins que toutes deux ne soient également impossibles à l'esprit humain, c'est la philosophie de l'histoire. C'est à ce rude problème que s'attaque cependant le génie naissant de Turgot. C'est de toutes ses esquisses la plus avancée. Nous ne croyons même pas qu'il y ait de l'exagération ou de l'impropriété dans les termes à dire que cette esquisse est déjà un chef-d'œuvre, tant elle témoigne d'étendue dans les conceptions, de justesse de vues, de profondeur dans les conséquences. Nous voulons parler de ses *Discours* en Sorbonne et des matières qui s'y rattachent, de la *Géographie politique,* des *Plans de deux discours sur l'histoire univer-*

selle, des *Pensées* et *Fragments* qui devaient y entrer.

Dans le premier discours, l'orateur s'attache à montrer les bienfaits de la religion chrétienne en ne l'envisageant même qu'à un point de vue purement terrestre. Il motive ainsi par l'histoire le mot célèbre de Montesquieu : « Chose admirable ! la religion chrétienne, qui ne semble avoir d'objet que la félicité de l'autre vie, fait encore notre bonheur en celle-ci ! » Turgot voyant le christianisme en lui-même, dans son esprit, l'avait en grande vénération. Ce n'est pas lui qui, dans une philosophie de l'histoire, aurait pu en oublier ou en méconnaître la grande et salutaire influence. Mais il savait aussi ce que l'ignorance et les passions humaines en peuvent faire.

Il concevait l'humanité comme une personne destinée à grandir, à se développer indéfiniment. Elle a eu incontestablement son enfance et sa jeunesse; mais, à la différence de l'individu, elle ne doit avoir ni décadence ni mort; elle ne doit connaître qu'une maturité d'une grandeur, d'une durée indéfinies, parce qu'elle est virtuellement éternelle. La civilisation pourra pâlir, s'éteindre même en apparence sur quelque point du globe; mais elle renaîtra et se développera sur d'autres. Rien du grand patrimoine qui la compose ne périra désormais : c'est un héritage assuré aux générations futures, qui trouveront là même le moyen de l'accroître et de le faire passer agrandi à celles qui devront venir après elles. Sans doute, les erreurs et les faux préjugés se transmettront avec les vérités; mais la liberté de penser est comme le vent, sans cesse agité, qui doit sans cesse mettre en évidence et faire rejeter les impuretés que la faiblesse et les passions humaines mêlent toujours au bon grain de la vérité.

Le cadre de l'histoire, tel que le conçoit Turgot, est pris de l'histoire elle-même, mais de l'histoire entière, c'est-à-dire de l'humanité envisagée sous tous ses aspects possibles, dans toutes ses races, sur tous les points du globe, avec ses aptitudes et ses tendances diverses. Ce qui était le tout pour Bossuet, n'est donc plus qu'une partie dans ce plan nouveau et bien autrement vaste. Assurément, la marche de l'humanité s'effectue sous la conduite secrète d'une impulsion mystérieuse et divine ; mais le philosophe n'a point la prétention de la connaître autrement que par l'histoire, par l'observation. C'est de la même manière ou par la science humaine encore qu'il en déterminera la direction, le but idéal, et qu'il en assignera les stades, qu'il reconnaîtra ceux qui ont été parcourus, et qu'il assignera ceux qui sont encore à franchir.

Il n'y a rien d'hypothétique, de mystique et ld'arbitraire dans cette manière de concevoir 'humanité, marchant à sa destinée sous la main

cachée de la Providence. Il n'y a là aucune
prétention contestable ou sujette à s'égarer, de
connaître d'une manière surnaturelle les voies
cachées, les desseins mystérieux qui président
au gouvernement divin du monde. La science
est ici toute humaine encore ; et, pour être plus
modeste, elle n'en est que plus sûre. En d'autres termes, c'est de la science avec ses qualités
comme avec ses défauts possibles ; ce n'est point
de l'inspiration avec l'infaillibilité qu'elle ré-
clame et dont elle se flatte, mais qu'elle n'est
pas toujours sûre d'obtenir.

IX

Avec cette modestie qui va jusqu'à confesser
la possibilité de l'erreur, alors même qu'il s'agit
de connaître les lois divines ou providentielles
qui régissent les destinées humaines, Turgot ne

pouvait manquer d'avoir pour maxime la tolérance. Il savait trop ce qu'avaient coûté à la France les guerres de religion, ce que coûtaient encore à l'humanité et à la justice les horribles sentences dictées par le fanatisme à certains parlements, ce que les dissensions du molinisme et du jansénisme apportaient également de trouble et d'aigreur dans les esprits, pour ne pas comprendre tous les avantages attachés à l'esprit de paix et de support en matière religieuse. De quel droit d'ailleurs la société civile, l'État, le gouvernement qui le représente, pourraient-ils se mêler aux querelles religieuses, y prendre couleur, se faire sectaire? Son rôle obligé n'est-il pas, au contraire, de protéger toutes les consciences, tous les droits, sans prendre en cela d'autre conseil que celui qui lui est dicté par le principe même de l'égalité des consciences devant la loi commune, loi qui ne peut être que celle de la liberté des croyances et des cultes, tant que ces cultes et ces croyances sont absolument compatibles avec l'ordre extérieur des sociétés humaines?

Telle aussi fut l'idée qui inspira ses *Lettres sur la tolérance,* dans son *Conciliateur.* S'il admet encore une religion d'Etat, au moins en principe, il veut que le législateur l'examine et la choisisse en partant de l'intérêt public, de la liberté à garantir aux citoyens. Par là même se trouverait exclue toute religion qui serait hostile à cette liberté. Mais il est bien plus simple, plus sûr, plus libéral encore de n'avoir aucune religion d'Etat, d'autant plus — Turgot n'a pas de peine à le reconnaître — que le prince peut aisément se tromper dans le choix d'une religion d'Etat. Il ne peut guère manquer d'opter pour celle qu'il professe comme homme. Et comment, d'ailleurs, si sa religion était celle de la grande majorité des citoyens, pourrait-il faire autrement que de s'y tenir? S'il tentait d'en

sortir comme prince, de donner à l'Etat une autre religion, il serait inévitablement traité d'a-
postat, d'ennemi des institutions, et, s'il était
assez puissant pour se maintenir au pouvoir
malgré la réprobation générale, il ne le serait
jamais assez pour empêcher de grands troubles
publics et pour échapper au poignard du fanatisme.

Le *Conciliateur* se compose de deux lettres.
Dans la première, l'auteur repousse, contre son
correspondant, et par des raisons décisives, l'intolérance civile. Dans la seconde, il montre, par
de nombreuses et graves autorités religieuses,
que la tolérance civile est entièrement conforme
à l'esprit et même à la lettre du christianisme.
Ces idées conduisent naturellement celui qui les
professe, s'il raisonne — et Turgot est dans ce
cas, — à la séparation de l'Eglise et de l'Etat, à
la distinction entre la sépulture civile et la sépulture ecclésiastique, etc., etc.

10*

X

Il ne s'agit jusqu'ici que du respect extérieur des doctrines, et non de leur vérité ou de leur fausseté intrinsèque. Envisagée à ce dernier point de vue, la tolérance peut n'être plus possible, pas plus qu'il n'est possible de ne pas trouver faux ce qui paraît tel, et de le condamner en conséquence. C'est ce qu'on appelle l'intolérance *doctrinale*, par opposition à l'intolérance *civile*. Autant celle-ci est possible et nécessaire, autant celle-là est impraticable et condamnable. Il faudrait être sceptique ou indifférent au vrai et au faux pour ne pas prendre partie, intérieurement au moins, pour ou contre une proposition, suivant qu'elle semblerait vraie ou fausse, surtout si elle était de nature à emporter des conséquences pratiques de la plus haute gravité. Tel parut à Turgot le cas où s'étaient placés les censeurs du *Bélisaire* de Marmontel.

Nous venons de donner une idée des ouvrages de Turgot; les chapitres précédents nous ont fait connaître l'administration et l'homme.

Si des facultés extraordinaires, des connaissances peu communes, une application infatigable aux travaux de la pensée et aux affaires, une volonté constante et forte pour le bien, pour l'honnête et le juste, suffisent à faire un grand homme et un grand citoyen nul plus qu'Anne-Robert-Jacques Turgot ne mérite cette double couronne. Cette grande intelligence, inspirée par un noble cœur, s'éteignit le 20 mars 1781, à l'âge de cinquante-quatre ans.

FIN

TABLE DES MATIÈRES

LE PUY, IMPRIMERIE MARCHESSOU.

www.ingramcontent.com/pod-product-compliance
Ingram Content Group UK Ltd.
Pitfield, Milton Keynes, MK11 3LW, UK
UKHW022225120726
13694UKWH00002B/703